DWYANE

DWYANE WADE

一生热爱
韦德自传

[美] 德维恩·韦德 _著
三猎 _译

金城出版社
GOLD WALL PRESS
中国·北京

图书在版编目（CIP）数据

一生热爱：韦德自传 /（美）德维恩·韦德著；三猎译. --北京：金城出版社有限公司，2022.10
书名原文: DWYANE
ISBN 978-7-5155-2202-9

Ⅰ.①一… Ⅱ.①德… ②三… Ⅲ.①德怀恩·韦德 - 自传 Ⅳ.①K837.125.47

中国版本图书馆CIP数据核字(2021)第278079号

DWYANE. Copyright © 2021 by Dwyane Wade.
Published by arrangement with Creative Artists Agency and Intercontinental Literary Agency through The Grayhawk Agency Ltd.
All rights reserved.
Designed by Danelle Gilles Designs

一生热爱：韦德自传

作　　者	（美）德维恩·韦德
译　　者	三　猎
责任编辑	王思硕
责任校对	岳　伟
责任印制	李仕杰
开　　本	889毫米×1194毫米 1/16
印　　张	18.5
字　　数	100千字
版　　次	2022年10月第1版
印　　次	2022年10月第1次印刷
印　　刷	鑫艺佳利（天津）印刷有限公司
书　　号	ISBN 978-7-5155-2202-9
定　　价	148.00元

出版发行	金城出版社有限公司　北京市朝阳区利泽东二路3号　邮编：100102
发 行 部	（010）84254364
编 辑 部	（010）64391966
总 编 室	（010）64228516
网　　址	http://www.jccb.com.cn
电子邮箱	jinchengchuban@163.com
法律顾问	北京市安理律师事务所　18911105819

没有我的妻子加布,以及扎伊尔、达维恩、扎亚、夏维尔、卡维亚等全部亲朋好友和球迷们对我的关爱与支持,也就没有我的今天!

1
赛 前

23
第一节

57
第二节

109
半 场

PREGAME
赛前

我在很久以前学到了一个秘密。我所渴望的成功总是来自于我甘愿付出的努力之中。很多人第一次认识我是2003年NCAA锦标赛8进4的比赛。每个人都觉得肯塔基大学会打败我们马奎特大学。说实话，我都很难对此生气。你很难在一支球队连胜26场的情况下预测它的对手会赢球。但那个时刻属于我们，属于我。我们时不时地会听到一些可以给我们带来希望的故事——某些不可思议的事情，没有人事先会想到，没有人觉得你可以，但最后真的做到了。属于不被看好的人的故事。

在训练场的长期投入让我准备好了。不只是做好了对阵肯塔基的准备，而是整个人生。我不知道自己是在为什么而准备。我只知道，关键时刻到来的时候，我一定是有备而战。机会不是缴费单，不总是每个月准时来一次。如果我期待能在最亮的灯光下打出精彩表现，就必须在无人观看时能做到来去自如。1000次跳投也觉得不够多。汗水刺痛双眼。唯一的声音是皮球反弹的砰砰声，投篮穿网而过的唰唰声，鞋子摩擦地板的嘎吱声。如果从来没有想过要放弃，那一定是还练得不够努力，不够难，不够痛。

统治力的前提是信心。在小跑进入球场之前，我总是回忆起跟高中助理教练加里·亚当斯（Gary Adams）在夏天闷热的、没有灯光的球场练习，或是在自家后院幻想自己跟伟大球员们一起打球，或是小时候跟老爸打球时摔倒在水泥地上——看着地上的血迹，我明白自己所迷恋的并不是痛苦，而在于另一面。篮球作为工作的日子已经过去了，但一路走来学到的教训会永远都在。投入，成为最努力的人，以身作则，边忙碌边调整，承担责任，保持饥饿，保持专注。因为表演时刻总是在你没想到的时候就开场了。因为你穷尽一生热爱着篮球这项运动，所以没有回头路。是变得伟大，还是被遗忘？对我来说，其实只有一个选项。

每次开场跳球前，我都有同一套固定流程。国歌响起时，我会闭上眼，低下头。这一刻，我真正沉浸于当下。这是我与上帝对话的机会。我不想搞得像是在布道，但能进入NBA也是上帝的旨意。打了16个赛季，作为史上最佳球员之一退役，这都是因为上帝对我的信心，让我可以用最具影响力的方式利用自己的平台。我觉得自己确实做到了——即使退休之后，我也还在这么做。

只有伟大的球员会留存在人们的记忆之中。在聚光灯下，你要么闪耀，要么退缩。我成长的过程中可从没有学过退缩。

我的篮球生涯并不总是一帆风顺，但我早就明白，人生就没有什么东西是容易的。我感激篮球帮助了我和家人的生活，并让我跟许多人的生命产生了联系。如果你想知道我脑子里在想什么，就是这些。胜利，失败，一路上的嘘声，全场高呼我的名字，每个穿着我球衣或球鞋的人——这些都伴随着祝福而来。我怎么能不为此说声感谢呢？

当我2003年来到迈阿密的时候，我想要做到的就是留下一份无法复制的遗产。但这没有什么魔法配方。不管身边的团队有多优秀，你都还要完成自己的工作：所有的一切。

训练让你无法阻挡

2016年夏天，我与家乡球队芝加哥公牛队签约。我从小看着那支传奇公牛队长大，以他们为偶像。如果说披上那件球衣不是我人生的梦想，那一定在骗人。我篮球生涯中的所有招牌动作都是在没有球迷、没有摄像机（好吧，除了鲍勃拍到的那些时刻）、没有明亮灯光的球馆里练成的。无数个小时被用来练习抛投、后撤步、低位、脚步、关键罚球球和防守，这给了我信心去应对聚光灯下的真枪实战。

但更重要的是，这是自由的。每一个年轻球员都可以选择去做你想做的。你永远无法欺骗篮球——你只能欺骗自己。我花了上千个小时磨练技艺，才得以更上一层楼。没有观众在欢呼，只有我一个人，独自在训练场。

训练是一段漫长的旅程，收获总是很遥远的。我清楚自己不可能通过一次训练就实现想要的最终成果，10次也不够，100次也不够。我知道自己永远无法达到完美，但这不会阻止我以此为目标去尽力尝试。如果我以月亮为目标，最终会摘下几颗星星。

是迈克尔·乔丹（Michael Jordan）最先把蒂姆·格罗弗（Tim Grover）介绍给了全世界。在季后赛被以赛亚·托马斯（Isiah Thomas）和底特律活塞击败了太多次后，乔丹去找了蒂姆。我管他叫TG。TG帮助我为参加NBA选秀做好了准备，并在我16年的职业生涯中始终保持合作。说到训练，他是元老，是史上最佳！没有一天松懈，虽然我看起来很需要休息。

要养育一个孩子长大，需要一个"村落"。我觉得，要让一个NBA球员保持前行，也同样需要一整个"村落"。

我能想到好几个我当初想要较劲的球员！不过我不会说出去的。想想全世界有多少人在打职业篮球，有多少有天赋的球员因为这样或那样的原因而没有机会在职业生涯中更进一步。NBA只有几百名球员。不仅是进入NBA，而且成为其中的顶级球员，这既是艰巨的任务，也是一种祝福。我见过很多球员——其中不少人都很有天赋——进入联盟又很快离开，因为这份工作需要全身心的付出，这不是每个人都能一直做到的。我始终清楚，只要我一松懈，就会有人取代我的位置。但我也不是唯一一个让我保持专注的人。

大卫·亚历山大（David Alexander）拯救了我，让我免于在2015年退役。

训练

斯坦·雷米（Stan Remy）对细节的关注无人能比。运球特训、解读防守、脚步技术——斯坦有一个工具箱，对球场上的所有情况都有解决方案。这家伙吃的是篮球，睡的是篮球，呼吸的也是篮球（除了那些他想当说唱歌手的时刻）。我花了很多时间跟斯坦一起待在训练馆里。

作为职业运动员，你的身体必须 信任 很多人。

这可不是什么容易的事。也正是因此，那些进入我生活的人都成了我的家人，因为我必须信任他们。妮科尔·哈尔基德斯（Nicole Halkides）就是其中一位。我们的每次按摩都是这样结束的。

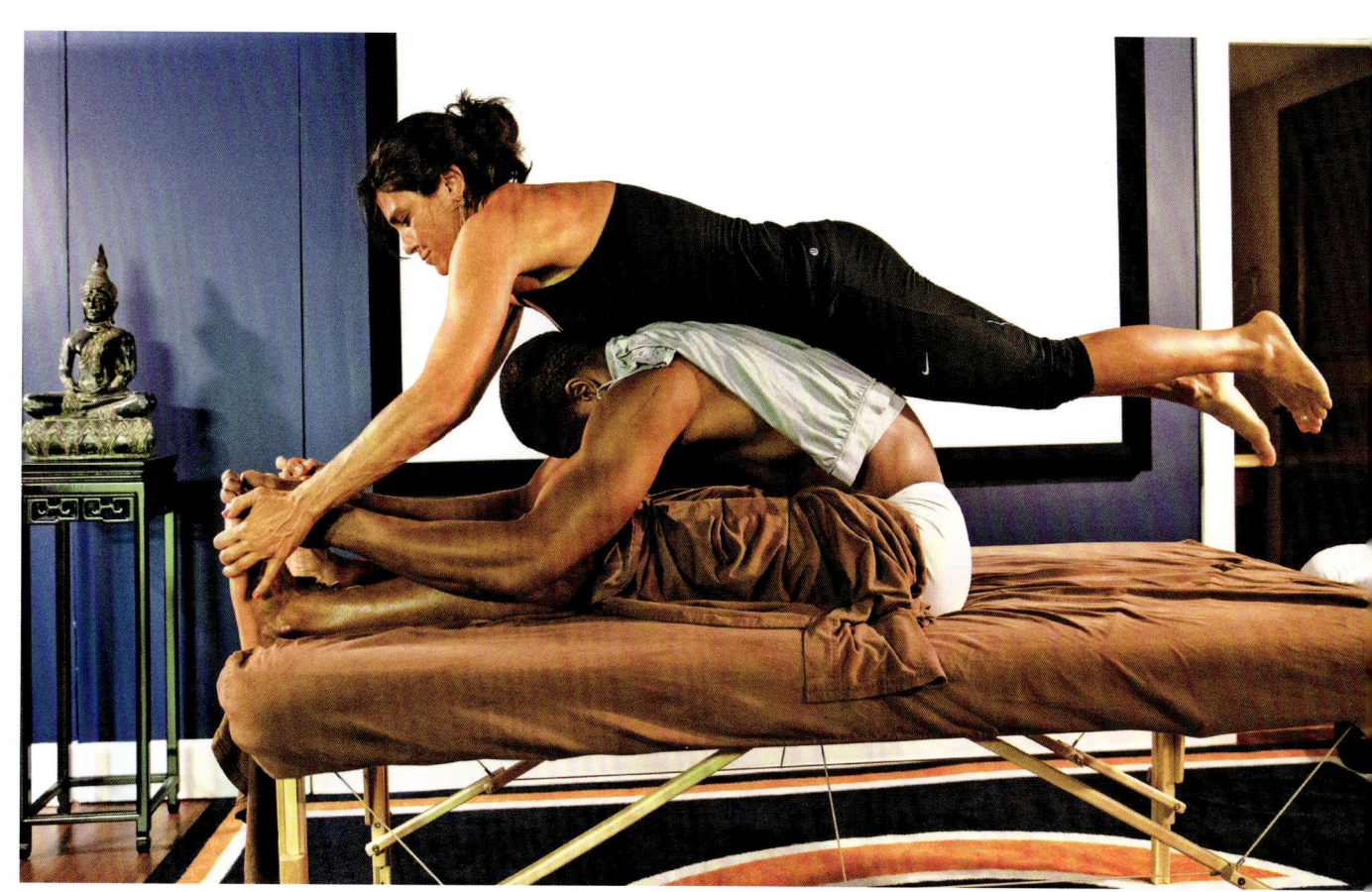

这实在是张很蠢的照片，我知道你们都看到小熊地毯了。我一直喜欢这些小朋友喜欢的东西。

痛苦

球员们会拥有广告代言,享受浮华和炫彩,而幕后的人们是沉默的英雄。我的赛前例行拉伸非常精细。我必须这么做,因为我每年有 9 个月的时间,每周有 3 次要追逐世界上最好的球员,这样整整 16 年。如果不是谢莉(Shelly),我就没法出战自己的生涯告别战。更多细节后面会说。

你希望得到的结果总会伴随着很多疼痛,但在一天结束时,你会知道这些都是值得的。我喜欢疼痛,因为这意味着我在努力,在提升自己的技艺。有时候,我甚至想念疼痛。虽然听起来像是脑子坏了,但我确实这么想。就像电影里说的,疼痛并不痛。我喜欢这份工作。

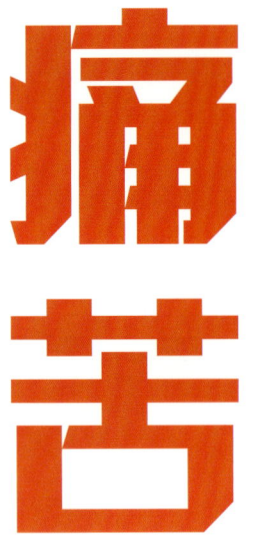

国王就应该躺在玫瑰上。

告诉你们一件事。NBA训练非常辛苦。季后赛激烈关头的NBA训练的强度更是荒谬的。这是2013年总决赛对阵圣安东尼奥马刺队的前一夜。勒布朗和我在健身房练疯了。我们把对方逼到了精疲力竭的地步。

篮球这项运动很靠身体，但如果你进入联盟，觉得身体是成功的唯一前提——这么说吧，你不会在联盟待太久。仅仅比对手更强壮是不够的，你得了解他们在想什么。你必须清楚他们的招数，他们擅长什么，弱点又是什么，如何应对比赛。所以，没错，我在这儿躺着很惬意，但别以为我是在"放假"。

韦德之道

第一次给你自己的球鞋系鞋带是一种灵魂出窍的体验。

我在成长过程中学到了一件事：一个球员拥有自己的球鞋，意味着相当程度的统治力。迈克尔·乔丹、"便士"哈达威（Penny Hardaway）、阿伦·艾弗森（Allen Iverson）、格兰特·希尔（Grant Hill）、科比·布莱恩特（Kobe Bryant）——他们不仅能在球场上把你撕碎，而且能撕出自己的风格。我在2012年获得了一个机会，与李宁合作创建"韦德之道"品牌。第一次穿着自己牌子的球鞋踏进球场的感觉，让我觉得这种转变是值得的。相信我，人们说的每一句话我都听着呢。我们后面会说得更详细。

季后赛是伟大球员真正书写自己传奇的地方。任何一个在这条战壕里待过的人都会告诉你,季后赛意味着一种完全不一样的能量。

开场跳球前的赛前仪式,那些都是给球迷准备的。在球场里到处走动,向球迷致谢,让他们兴奋起来,给他们打气,让每个人都做好准备。

比赛时刻

我会在篮筐上做引体向上,这时候我仿佛变成了另一个人。这可以唤醒我的身体、我的灵魂:来吧,该干活了!有段时间我会从保安头上跳过去。球迷们很喜欢看那个,这成了一件大事。总之,无论采取什么方式,我要唤醒体内的能量。

你们可能是在那些夜晚给我动力的人之一,是我赛场表现的燃料。谢谢你们,那正是我所需要的。

全神贯注。

FIRST QUARTER

第一节

没有比赛是在开场跳球时就获胜的。比赛刚开始的阶段有一种试探的过程，这总让我觉得有趣。就像去参加学校舞会一样。没错，是有音乐在播放，每个人都在，但每个人都在等着事情爆发的那一刻。没人会一上来就亮出底牌。我想弄清对手的战术，他们也想弄清我们的。在某个时刻——事情发生的时候你会明白——会有人做出让步。很多时候，一个抢断，一个盖帽，或者一个扣篮，就可以为这一节剩下的时间定下基调。高中舞会突然间变成了重量级拳王争霸赛。

耐心永远是最难恪守的精神境界。从目睹1991年芝加哥公牛队赢得第一座总冠军的那一刻起，我就梦想着自己能去向何方，成就几何。但值得你拥有的东西不会在一夜之间就这么出现。你的耐心将受到考验。我就是活生生的例子。如果我要把自己每次被轻视，每次被告知成功的概率只有百万分之一的故事都告诉你们，那么我可以讲个没完没了。我并非事后自我标榜，而是会不时地自我反省。然而，再难的时刻也难不倒坚强的人。我知道梦想不是我唯一需要的东西，我必须投入必要的工作。

一场篮球比赛很长。人生就更长了。你不可能在头一分钟就搞明白。时间是我们谁都无法追回的馈赠。时间不在乎你的银行账户，你在社交媒体上有多少粉丝，或者你靠什么为生。时间只关心一件事——你如何利用它。

故事不可能没有开头。我的故事开始于芝加哥南区59号大街和草原大道的交会处。在那里长大很艰难吗？太难了。有时会很恐怖吗？绝对的。可卡因对社区的影响，街头的暴力，跟警察打交道，这些让住在那里的每个人都成熟得很快。我们别无选择。

但我还要说点别的。芝加哥——至少我生长的那一带——给人一种刻板印象，认为那里只有罪犯。我因为暴力而失去了深爱的人，亲身体会过这种痛苦。但那里并不全是绝望，也住着善良的男男女女。抛开别的一切，那里确实住着幸福，住着纯真。无论人生把我带去哪里，我都会自豪地站直着，因为我来自芝加哥南区。没有59号大街和草原大道，就没有你现在读到的所有这些话。

闭上眼睛,我还是能看到混凝土上的裂缝,大门上的锈,能听到外面人来人往的声音。我离开芝加哥草原大道5901号已经很久了,但我永远不会真正离开。那时的生活并不容易。闭上眼,我还能记起那些可怕的时光。但是,闭上眼睛,我也还能感受到那栋楼里的爱,保护着里面的人。我珍惜生涯中所能做到的一切,所去过的每个地方。但是,如果没有当初这个地方,后来的一切都不可能实现。它永远在我心里。

当汤姆·克林（Tom Crean）第一次来我家做客的时候，我就清楚自己要去读马奎特大学。那是他第一次来，给我带了一块布拉德利中心球场的地板，还有一套学士服。

他相信
我不只是一个
篮球
运动员

他教了我很多关于篮球的事情，正如他在招募时所承诺的那样——但我从克林教练那里学到的许多最重要的东西都来自于球场之外。

我在高中取得了很多成就，但大学是另一个层级。我在马奎特的第一年没能上场比赛。事后看来，那也许是件好事。但只要你时刻做好准备，就永远不需要准备。每次看到那年闯入 NCAA 锦标赛四强的照片，我都会忍不住微笑。

2003 年 8 强战对阵肯塔基大学。那场比赛让全国球迷都记住了我的名字。

这是我在马奎特大学的
最后一场常规赛

老妈在比赛前三天刚从监狱被释放。她本不能外出旅行的。我们恳求她的假释官——信不信由你,他的名字也叫韦德——批准她去密尔沃基看比赛。谢天谢地,他同意了。

图片里那个穿着 3 号球衣的人就是她。

那天晚上我打得非常好:26 分,10 个篮板,5 次助攻。

比赛结束后,老妈在看台上又哭又叫,拥抱我妹妹特拉吉尔(Tragil)。观众们冲进场内,把我举了起来。但我一直在看老妈。

那是我长大之后,她第一次看我打球。

老妈乔琳达(Jolinda),是我的头号球迷。

每年 3 月左右，我都会去看剪辑录像。人们会问我 2003 年闯入 NCAA 锦标赛 4 强的经历。他们喜欢谈论那场对阵肯塔基大学的比赛。说实话，我如果说自己不喜欢每年都再谈论一次，那绝对是在骗人。

那届锦标赛

是我最喜爱的篮球记忆

没人觉得我们做得到，除了我们自己。肯塔基是巨人歌利亚，我们是大卫。他们有基思·博甘斯，那年他状态火热。我记得自己在热身的时候看向肯塔基的半场球场。他们表现得就像是职业球员！你知道 NBA 球员都是怎么热身的——尝试耍酷。我转身对队友说："看，他们没拿我们当回事。"

那场比赛我完全入神了。我记得那场比赛,是因为我后来去看过集锦。但场上的事情我完全记不得了。当我从球场上走下来的时候,他们说我拿到了三双,我的反应是:"你××说什么?"我想他们有拍到我说这句话的视频。

肯塔基是全国排名第一,此前连胜了26场。我们干掉了这样一个对手。

帕特·莱利(Pat Riley)去看了肯塔基的比赛。你知道我在说什么吗?那场球让我被迈阿密选中了!

我讨厌把亨利·"汉克"·托马斯说成是我的经纪人，因为他做得远不止于此。我在选秀前要签一个经纪人，当时我不知道要找谁。但我相信自己的知觉。汉克是我面试的第一个人。就跟汤姆·克林一样，我一见面就知道汉克就是那个人。

汉克

第一次跟汉克会面，我坐在那儿，才 21 岁。不知道为什么，我最后问起了他的年龄。汉克说他 50 岁了。对那时的我来说，50 岁老得就像没用了。我问他："那么，你打算干多久？因为我打算在联盟干个至少 10 年！"

他笑了，说自己有几个小孩儿，跟我一岁大的儿子扎伊尔（Zaire）差不多年龄（他指的是他儿子瑞安·托马斯 [Ryan Thomas]）。他说自己也打算干上一段时间。他确实做到了。汉克在 2018 年去世，我没有一天不想念他。

选秀大会前的几周好似一片迷雾。你被夹在训练、媒体报道、谈判和其他各种事情之间，必须想办法后退一步，深呼吸。这时候，你会再次感到莫大的兴奋——"我就要被 NBA 选中了。"

新秀年还有很多的老大哥，比如布赖恩·格兰特（Brian Grant）和埃迪·琼斯（Eddie Jones），他们都为我适应NBA生活提供了不少帮助。

这段旅程最终取决于
你所做的决定
和所投入的努力。

卡隆·巴特勒（Caron Butler）只比我大一岁，在2002年参加选秀。但是他给了新秀年的我很多重要的帮助，帮我在联盟找到了自己的位置。他就像是个已经待了十年的老兵。

卡隆不断告诉我如何适应聚光灯和镜头之外的NBA生活。他告诉我该如何正确对待迈阿密热火的幕后团队：要说谢谢，表示出谢意。

我还清楚地记得新秀年夏季联赛时我们在吃晚饭时的对话，就像那是昨天的事儿一样。这段旅程最终取决于你所做的决定和所投入的努力。人生就像篮球，是一项团队运动。你不能忘记一路上真正帮助过你的人。卡隆绝对是其中一位。

热火选中我的那个夏天，拉马尔·奥多姆（Lamar Odom）也跟球队签约了。他是我们的头牌球员和领袖。他打了很多年了，但才24岁。我之前看过他跟我的两个好朋友达里厄斯·迈尔斯（Darius Miles）和昆廷·理查德森（Quentin Richardson）一起打球。拉马尔对我来说就像个大名人，他总是说自己把效力洛杉矶快船队变成了一件很酷的事。我喜欢在飞机上坐在他后面，他会转过来，搞出很多乐子。

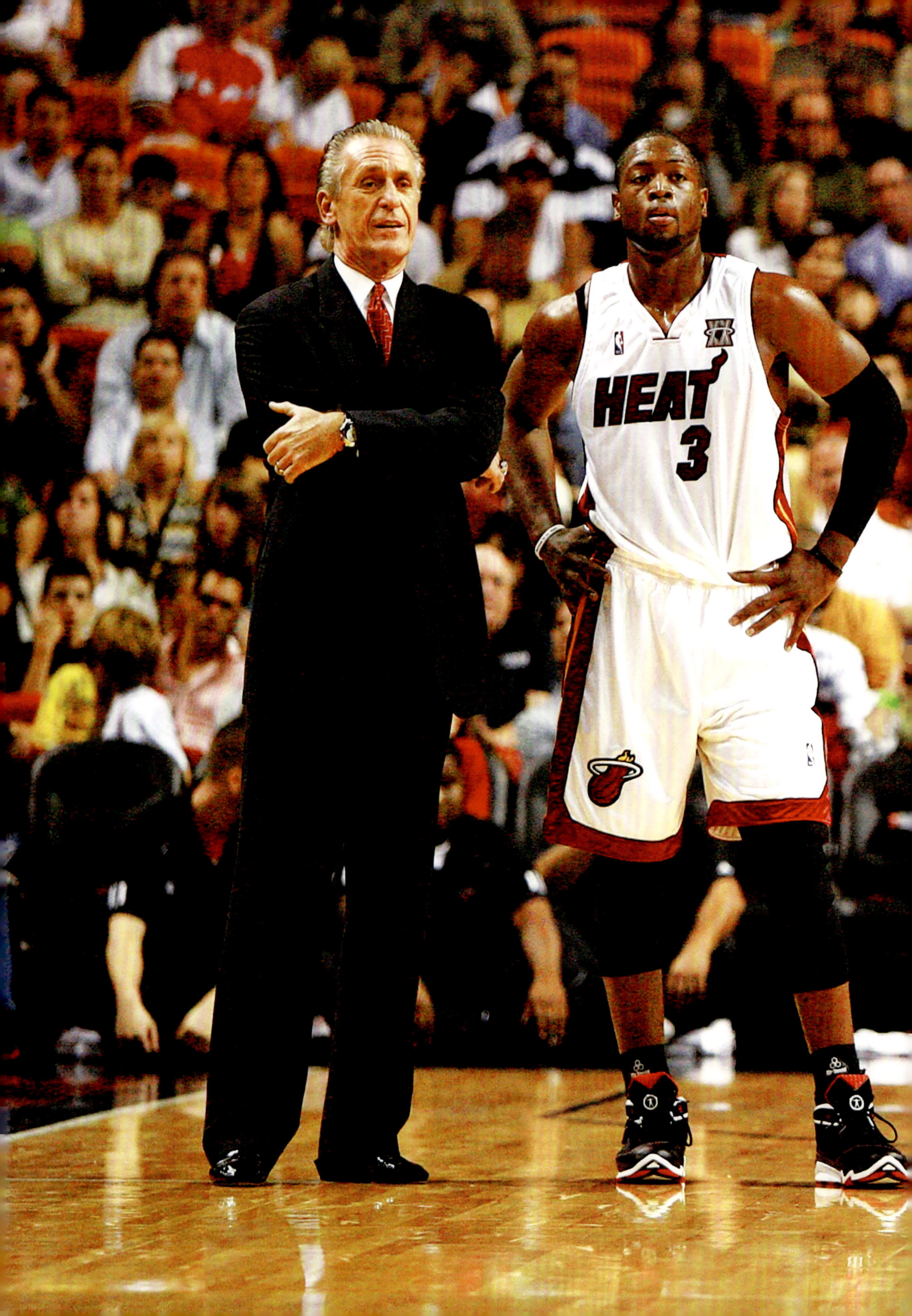
HEAT
3

新秀年的训练营,一直是帕特·莱利在执教我们。揭幕战前几天,我们开了一场大型球队会议。莱利发表了一场大概3个小时的演讲。他从自己在新泽西州长大说起,说到跟他爸的关系。我很困惑地环顾四周,但老队员们都一副"他经常这样"的表情。他基本上把自己的一生给我们说了一遍。突然之间,帕特说:"我说这些是因为我要辞掉迈阿密热火队主教练的职位了。"然后他就这么走掉了。我坐在更衣室里,心想:"这××是什么鬼?!"

帕特·莱利

后来,在我的第三个赛季打了21场比赛之后,斯坦·范甘迪(Stan Van Gundy)下课了,帕特重新成为了主教练。看球的人都清楚,莱利和沙克是两位毫无疑问的名人堂成员,他们别无他求,只想要再添一座总冠军奖杯。1980年代,我还是个小朋友的时候,莱利就跟"魔术师"约翰逊(Magic Johnson)和卡里姆·阿卜杜勒-贾巴尔(Kareem Abdul-Jabbar)一起打造"表演时刻"了。我成长于1990年代,是乔丹的球迷,而帕特治下的尼克斯队是公牛队的死敌。我从没想过会为他效力,但事情就这么发生了。

莱利执教可不是开玩笑的。训练不是轻松地走过场,而是模拟真实的比赛。我是个天生好胜的人。2005/2006赛季开始的时候,我觉得自己已经准备好了。结果嘛,我想还算不错……

斯坦·范甘迪

我没开玩笑。斯坦是个很棒的家伙，但他在暂停时的声音实在是太响了。不管怎么说，我爱这家伙！

斯坦·范甘迪是个大喊大叫的主帅。他在训练里大喊，在比赛里也大喊。我之前的教练从来不会在比赛时冲我大吼。我花了点时间去适应——这也是我人生中第一次打控卫。

那时候还不像是今天达米安·利拉德（Dame Lillard）、斯蒂芬·库里（Steph Curry）、拉塞尔·威斯布鲁克（Russell Westbrook）、贾·莫兰特（Ja Morant）们的控卫黄金时代，你的任务就是得分。那时候，控卫们把球带过半场，交到大个子手上，然后去底角老实待着。

我记得新秀赛季的感恩节前后，我们在西雅图，我去找斯坦，请求他允许我按自己的方式打球。他先给我来了一套那种教练式的演讲，团队篮球什么的，但最后他说："行，让我看看你的本事。"那天晚上我砍下18分，接下来3场比赛都超过20分。事情就此落定，不用再多说什么了。那还不是我的球队，但这就是他们选中我的原因。在那之后，是斯坦要求在第四节把球交到我手里。斯坦允许我按自己的方式打球，成长，在错误中学习。

我怎么也想不到,进入NBA的第二年,就要跟沙奎尔·奥尼尔(Shaquille O'Neal)做队友了。新秀年是一段不断学习的经历,我认为我们正在朝正确的方向前进。但是当奥尼尔加入球队的时候,你就清楚地知道目标是什么。总冠军!

奥尼尔在奥兰多跟"便士"搭档,他们是最后一支在季后赛中击败乔丹的球队。然后他去了洛杉矶,跟科比一起赢得3座总冠军。所以,我身上可一点压力都没有。大家伙来南海滩可不是因为天气。我们都知道他想要更多奖杯。能量是完全不同的。在训练中,我能感觉到一种紧迫感。这是有史以来最具统治力的大个子球员,他在期待我帮他分担重任。沙克帮我更上一层楼。他刚到迈阿密就告诉我,我可以成为这项运动中最好的后卫。就像西雅图那天的斯坦一样,沙克帮助我建立了信心。

我想要
属于我的时刻

进入季后赛的时候,我知道自己已经赢得了队友们的信任。整个球队都信任我。整座城市都信任我。

我的第一场季后赛,对阵黄蜂队,最后几秒,范甘迪教练画了一个战术,把球交到我手上。我清楚地知道该干什么。乔丹、科比、艾弗森……在这种关头,他们会成为传奇。

命中那一球改变了我整个生涯的轨迹。联盟现在收到通知了。如果你在跟迈阿密热火队交手,要小心3号。

我喜欢被这么盯上。

沙克露出一副"闪电侠,你最好做好了准备"的表情。信不信由你,我能感受到他的凝视。好消息是,我确实准备好了。我当时在想:"我这辈子都在等待此刻!"

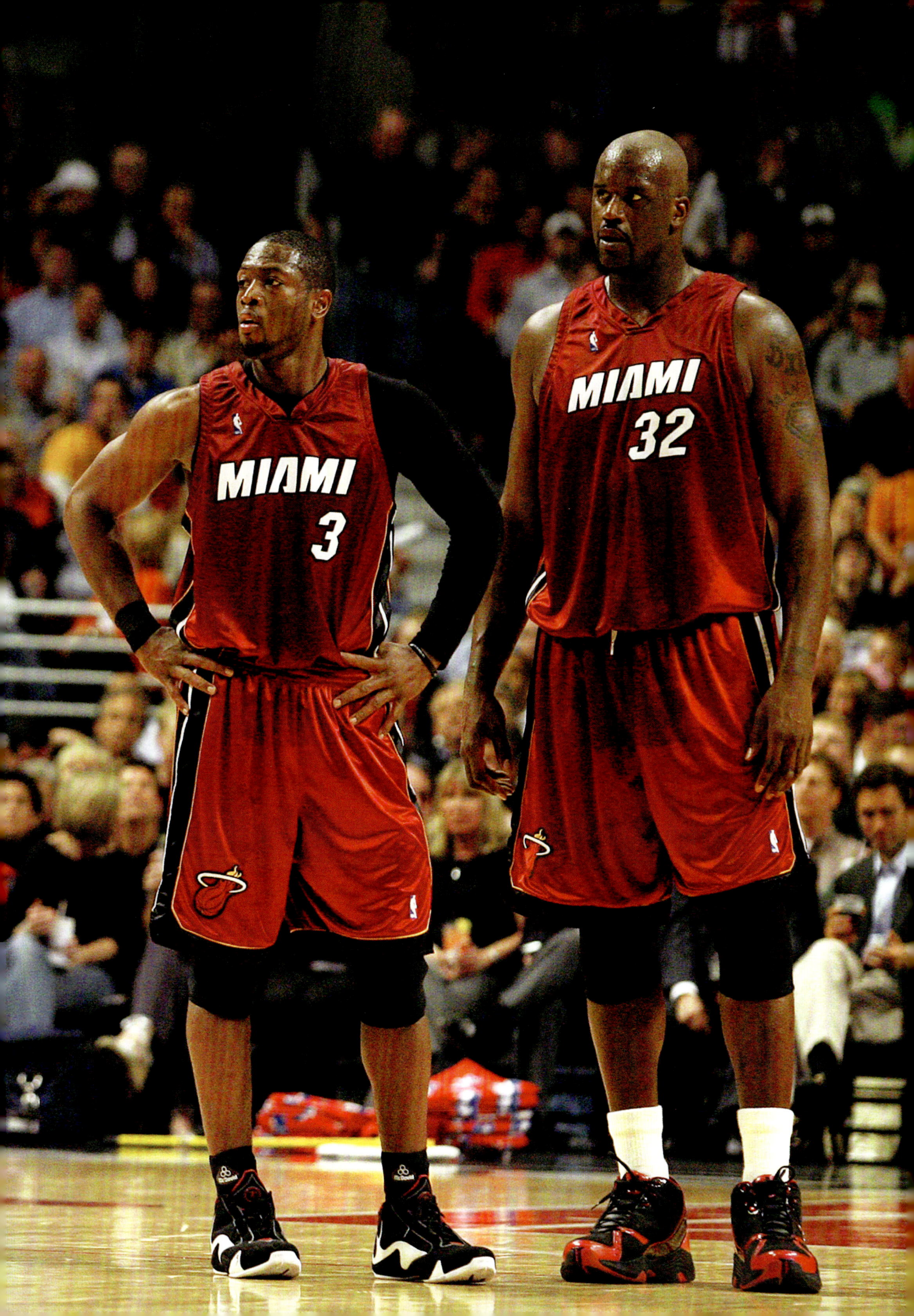
MIAMI
3
MIAMI
32

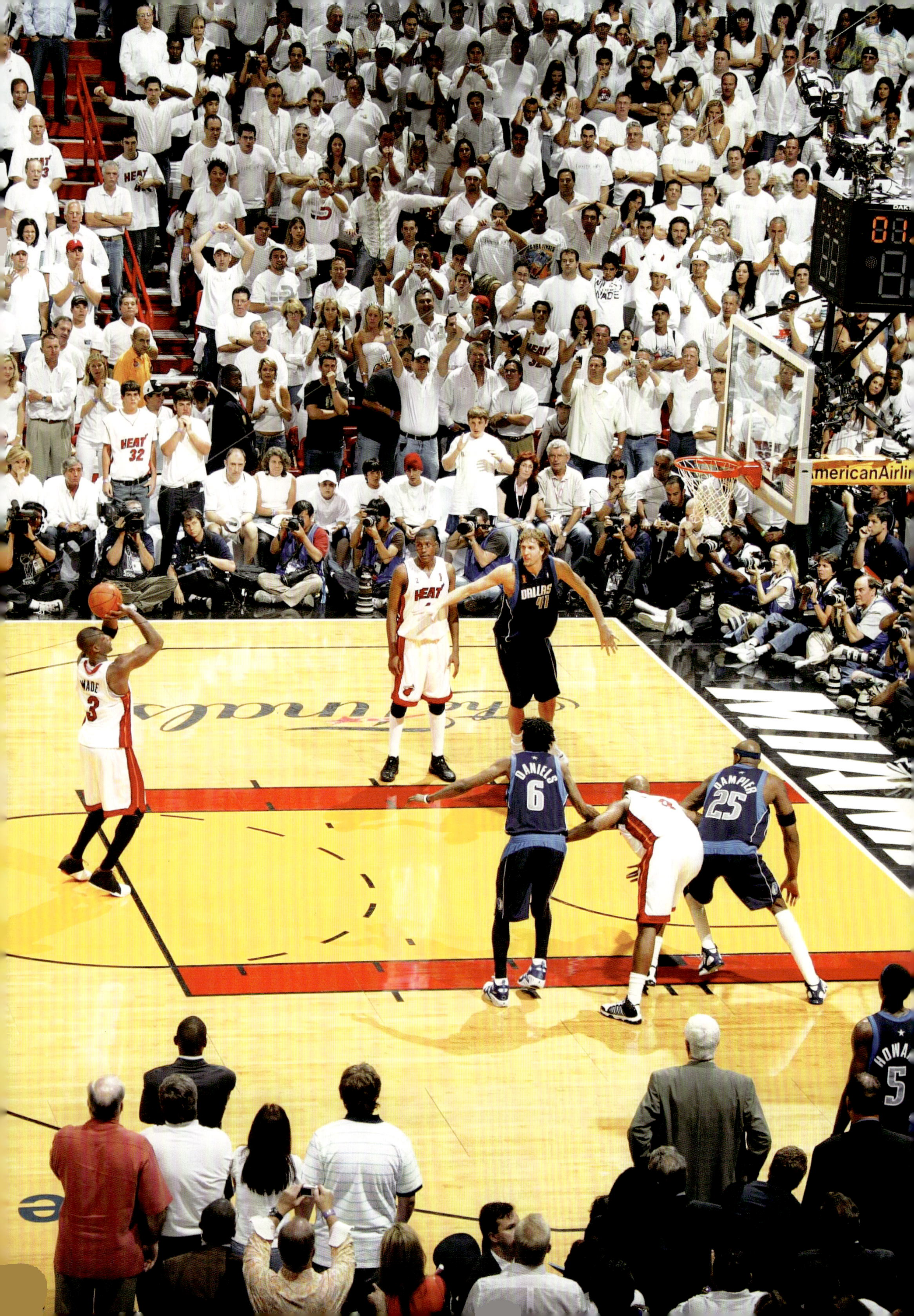
HEAT 32
WADE 3
DALLAS 41
DANIELS 6
DAMPIER 25

不管别人怎么说，2006年总决赛的每一个罚球都是我自己拼来的。

任何一个打球的孩子都知道，总决赛是山巅。在总决赛打球的人就像是加入了一个不许外人进入的篮球俱乐部。我超级想成为这个俱乐部的会员。

迈阿密城与我同在。2006年是我们的第一座NBA总冠军。奥尼尔让我接管总决赛——我在第三场比赛就这么做了。如果这样的人告诉你他愿意跟随你的引领时，你就知道这股能量是完全不一样的。

今天，我依然能尝到香槟的味道，闻到雪茄的香气。我依然能看到加里·佩顿（Gary Payton）、安托万·沃克（Antoine Walker）、贾森·威廉姆斯（Jason Williams）、詹姆斯·波西（James Posey）、山顿·安德森（Shandon Anderson）和阿朗佐·莫宁（Alonzo Mourning）脸上兴奋的表情。他们在联盟里奋斗了这么久，就是为了这一刻，而我很高兴自己是让这一切得以实现的一块重要拼图。

阿朗佐以前总是说，NBA不会永远持续下去，所以要活在当下。这句话需要多年的智慧和生活经验才能理解。我在达拉斯的更衣室里为所热爱的一切而疯狂庆祝，仿佛这段旅程永远不会结束。

总决赛

能进 NBA 已经够超现实了。再想象一下,你的第一场常规赛就是在费城。我从小就崇拜艾弗森,而现在,我和他在同一个球场上。

那天晚上我紧张得想吐。

我穿 3 号球衣的一部分原因就是艾弗森。乔丹退役之后,就属科比和艾弗森绝代双骄。而那个小个子后卫每晚都全力以赴。我会在自家的车道上尝试做出他的变向动作。艾弗森在过去受到了很多批评,所以他之后的 NBA 球员才有机会像今天这样创造性地表达。

总之,我和这个家伙在同一块球场上。我知道自己跟他是对手,但还是心怀敬畏。你知道为什么像我、勒布朗、卡梅罗、保罗、库里和其他好多人都这么喜欢这个家伙吗?因为他总是向我们表达爱意。我想不出哪个前辈比他更愿意在你闻到花香的时候直接把花送给你。阿伦·艾弗森的心中没有憎恨,因为他一片赤诚。

如果我尝到了自己的血，那意味着我要在你脑袋上砍下 40 分了。

每个伟人球员都明白在麦迪逊广场花园留下自己的印记有多重要。对我来说,能在那里书写自己的脚注是一桩大事。多年以来,我留下了很多回忆,包括2005年在特雷沃·阿里扎头上投出的这个球。我想你知道后来发生了什么。我们取得了第50胜,锁定了季后赛席位。

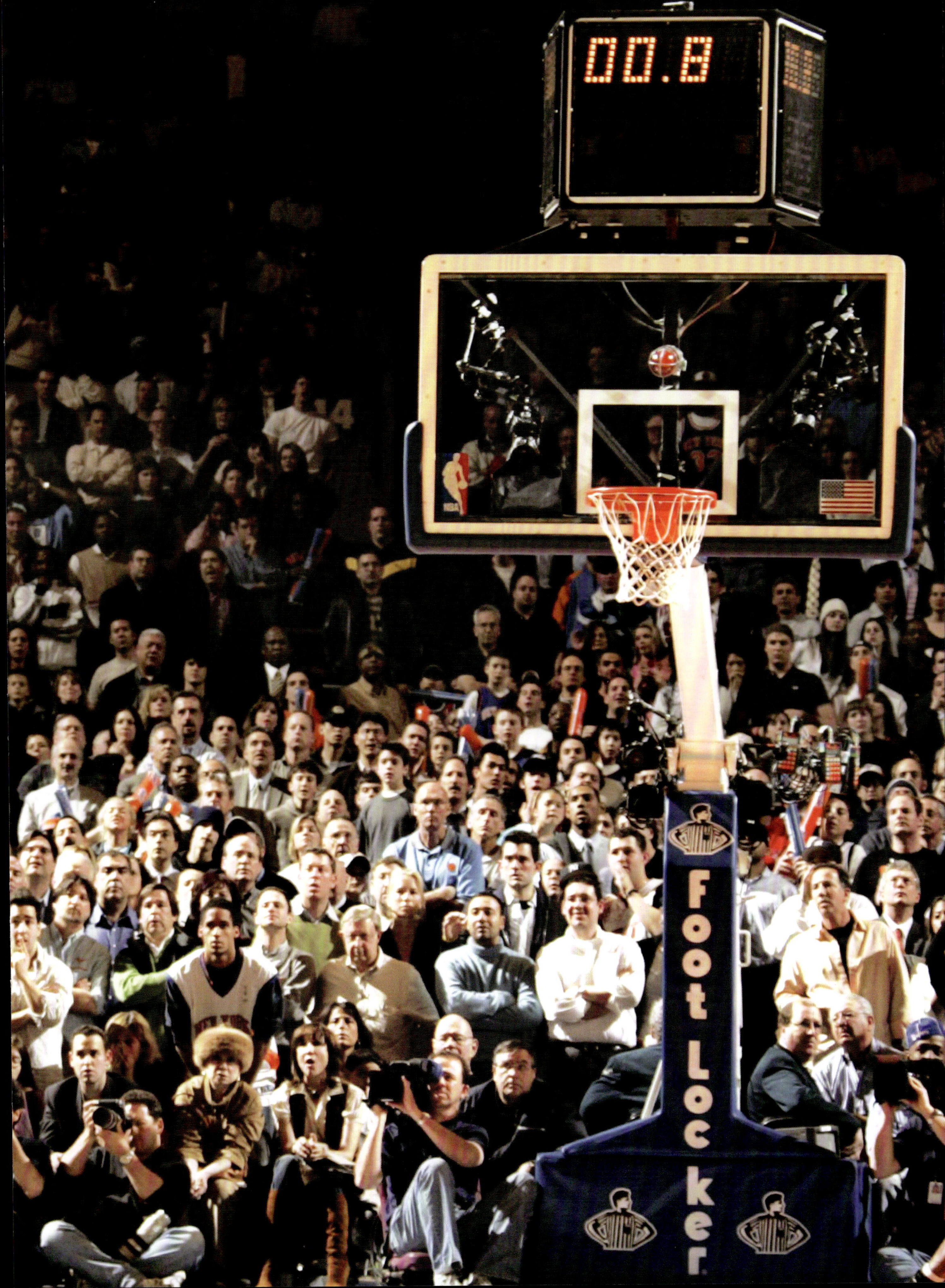
00.8
Foot Locker

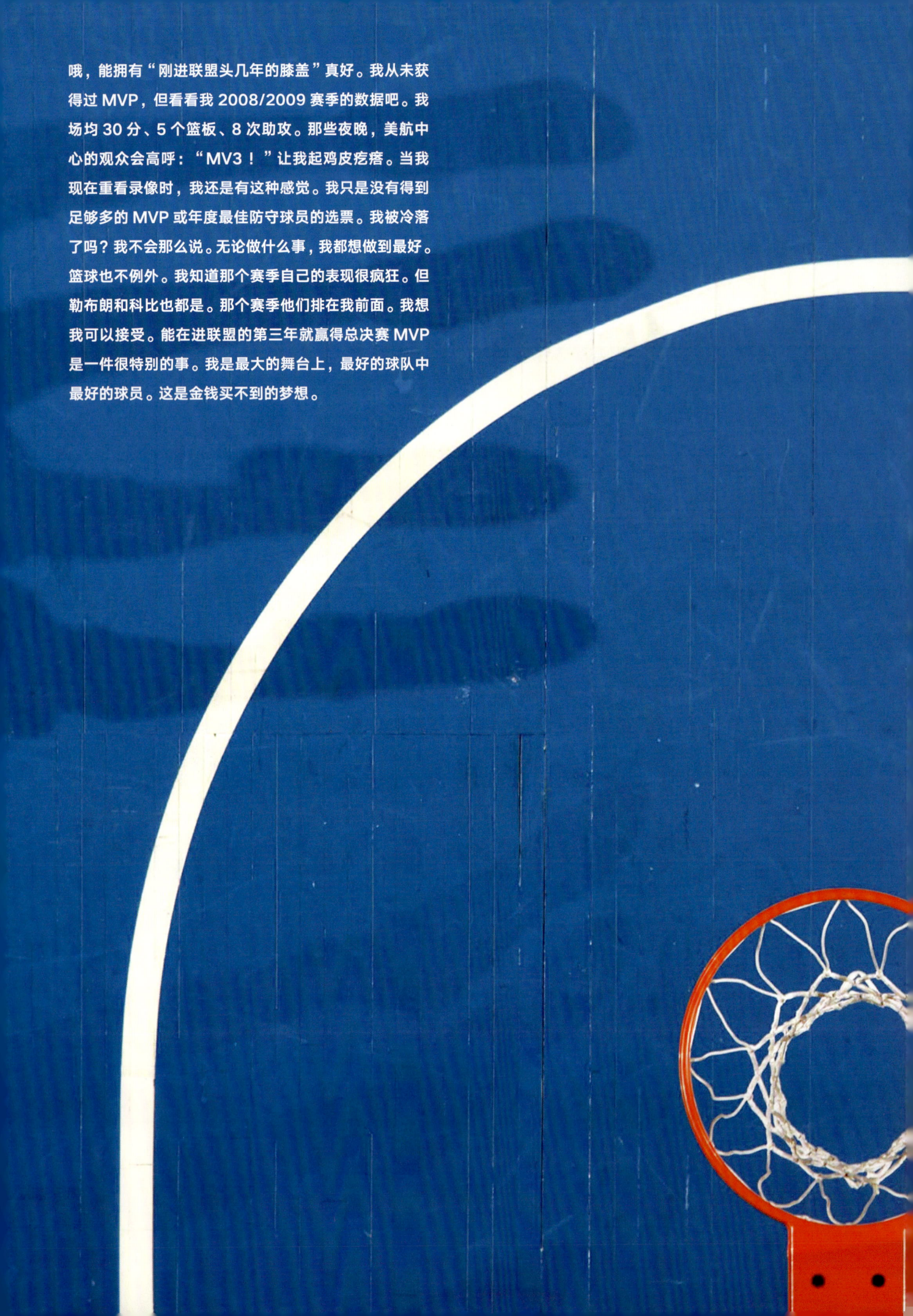

哦,能拥有"刚进联盟头几年的膝盖"真好。我从未获得过 MVP,但看看我 2008/2009 赛季的数据吧。我场均 30 分、5 个篮板、8 次助攻。那些夜晚,美航中心的观众会高呼:"MV3!"让我起鸡皮疙瘩。当我现在重看录像时,我还是有这种感觉。我只是没有得到足够多的 MVP 或年度最佳防守球员的选票。我被冷落了吗?我不会那么说。无论做什么事,我都想做到最好。篮球也不例外。我知道那个赛季自己的表现很疯狂。但勒布朗和科比也都是。那个赛季他们排在我前面。我想我可以接受。能在进联盟的第三年就赢得总决赛 MVP 是一件很特别的事。我是最大的舞台上,最好的球队中最好的球员。这是金钱买不到的梦想。

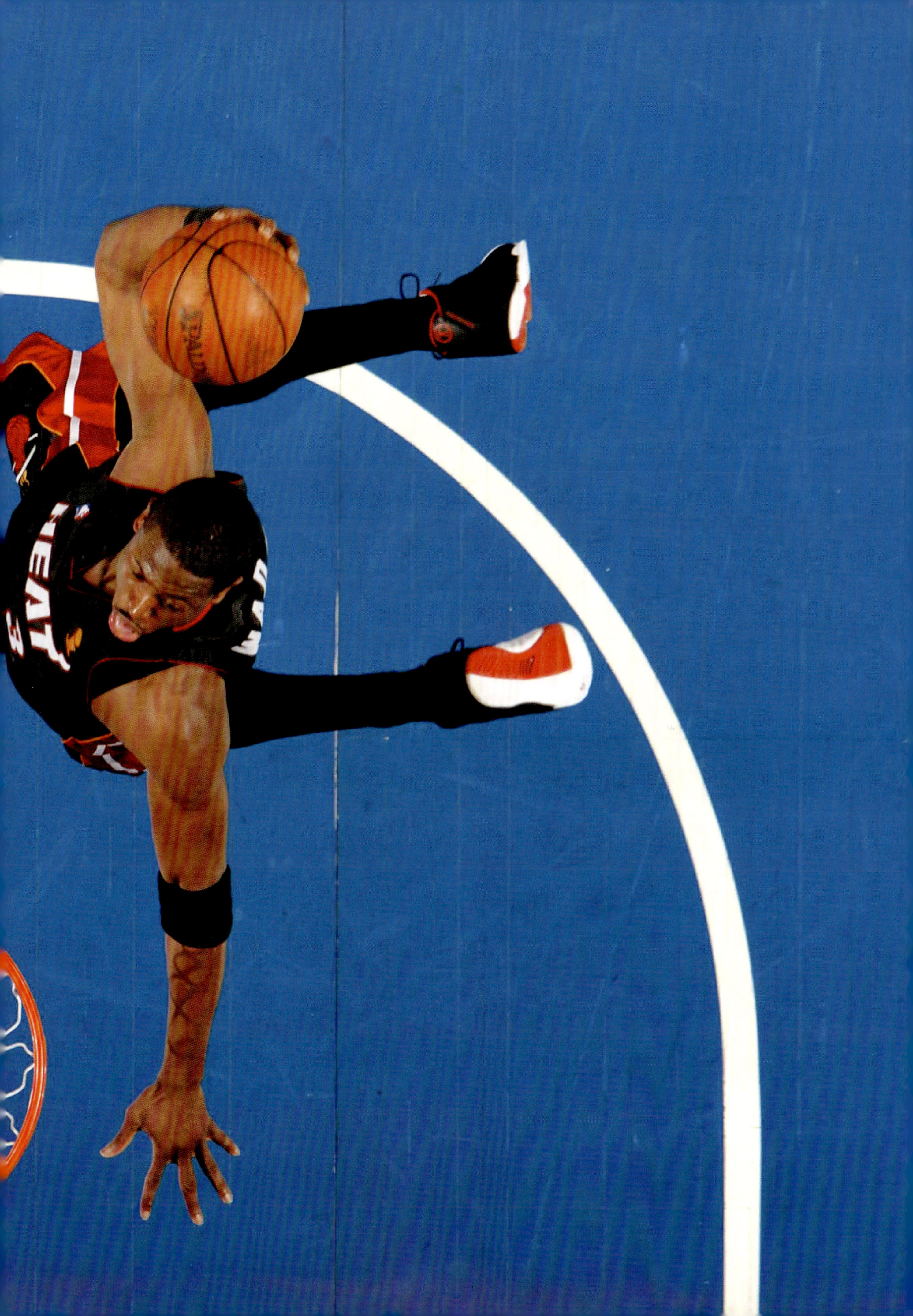
HEAT

这是我生涯的标志性扣篮。

"犯罪"现场：2009年11月12日，迈阿密。跟勒布朗交手总是让我的好胜心迸发，他上一个回合刚刚尝试扣篮却被盖掉。此外，迈克尔·乔丹也坐在场边。安德森·瓦莱乔在错误的时间出现在了错误的地点。直到今天，我再看那个球，都还会觉得："天啊，我干了什么。"小安，真不好意思。

实际上，嘿，我其实挺好意思的。

真遗憾，瓦莱乔不得不充当海报的背景。

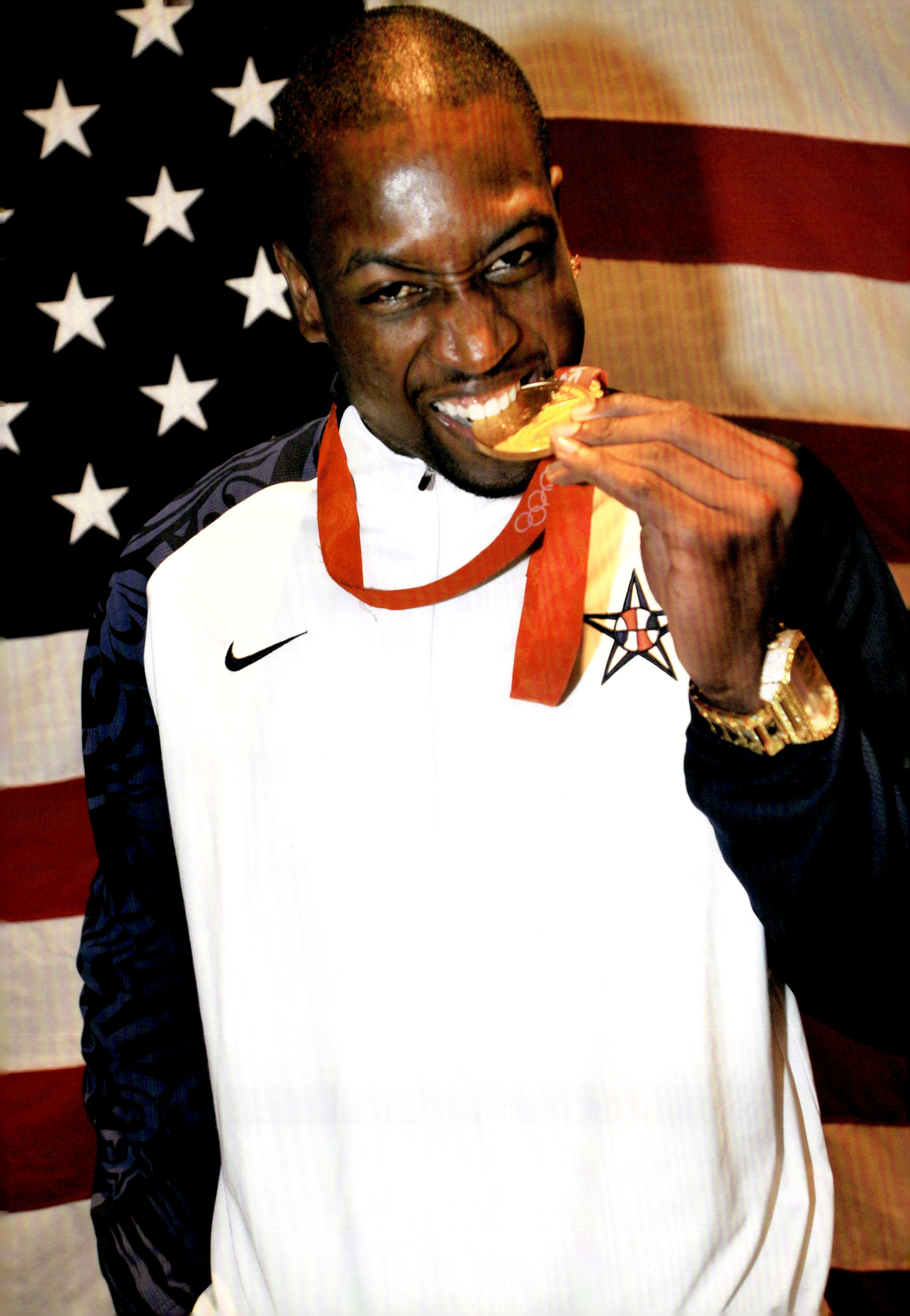

"救赎之队"必须赢下2008年的金牌。如果你把

科比、勒布朗、"甜瓜"、克里斯·波什、克里斯·保罗、德怀特·霍华德、贾森·基德

相信我,这些海报在全世界流传。

和我还有其他一堆全明星球员放在一支球队里,那就没有别的选择。2004年的铜牌烙在每个人的心里。不夺冠就是失败。2008年的救赎之队是我人生中最特别的经历之一。

奥运会期间,我花了很多时间跟科比讨论——只聊防守,我们从来不谈进攻。我们的防守策略是向对方施加压力,迫使他们失误。我就像是美式橄榄球里的线卫,在场上游弋,紧盯传球路线。

这太不可思议了!在不到5年的时间里,我打进了NCAA锦标赛4强,在第5顺位被选中,有幸将迈阿密作为自己的新家,入选全明星,获得总决赛MVP——然后,我还为祖国赢得了一枚金牌。用德雷克的话来说,这都是上帝的安排。你计划不来!

我一年只跟科比交手两次，但那两个晚上总是很特别。我希望他能像我防守他那样拼命防守我。在我进入联盟的时候，希望能让科比觉得他在跟我比赛之前必须好好睡一觉。但最重要的是，能跟科比踏入同一块球场是特权。他让我变成了更好的球员，我希望自己也能给他这样的感觉。

多年下来，我们对阵过很多次，相互间建立了良性的敬意。我在全明星赛上打断了老哥的鼻子，因为这就是我们较量的方式。我记得打电话给他道歉，因为我当然很愧疚。这家伙说："我挺喜欢的。"那一刻，我就知道下次交手他一定会对我全力以赴。确实如此。一周后，我们在洛杉矶和湖人队比赛，他们取得了胜利。

科比砍下了 33 分。

对我来说，失去科比是一个永远无法愈合的伤口。参加科比离世不久的那期 Inside the NBA 特别节目是我经历过的最艰难的事情之一。他是一位最高水平的竞争者，是我们这些比他年轻的人的榜样。但最重要的是，我很幸运能够说自己和他是朋友。

安息吧，科比。安息吧，吉吉。

SECOND QUARTER

第二节

事情开始
变得 有 趣 了……

你必须要强势地结束上半场。要让你的对手知道，做好准备，这样的折磨待会儿还会再持续24分钟。有些时候，对方无法阻止你。我喜欢那种状态。还有一些时候，一切感觉都不对劲，防守会把你锁死。对我来说，这些都是成长的时刻。

我跟一些厉害的家伙交过手。科比、勒布朗、卡梅罗、凯文·杜兰特（Kevin Durant）、库里、保罗、威斯布鲁克、哈登（James Harden）、蒂姆·邓肯（Time Duncan）、德克（Dirk Nowitzki）、艾弗森、麦迪（Tracy McGrady）、底特律活塞、波士顿凯尔特人——这串名单还可以继续。每个夜晚我踏上球场，那就是一次测试。篮球，尤其在这种意义上，跟你、我或你身边的人的人生没有什么不同。每件事的发生都有目的，每个决定都伴随着后果。无论如何，我们都得忍受。有时，人生就像2011年或2014年的总决赛，有时则像2006年、2012年或2013年的总决赛。无论是输是赢，那都不是直接交到你手上的。但最终，这一切都是值得的。结果就是，我始终在成长。

你想知道这张照片背后的真实故事吗？那你就听好吧。至少这是我的版本。我们当时都同意，如果我们想要这么做，就要在同一间屋子里坐下来讨论。在我记忆里，三巨头就是这么开始的——我们第一次面对面地聚在一起。我们都有各自的自由球员事宜要处理。但如果我们想要做成这件事，就必须要看着对方的眼睛。

我想要更多

总冠军

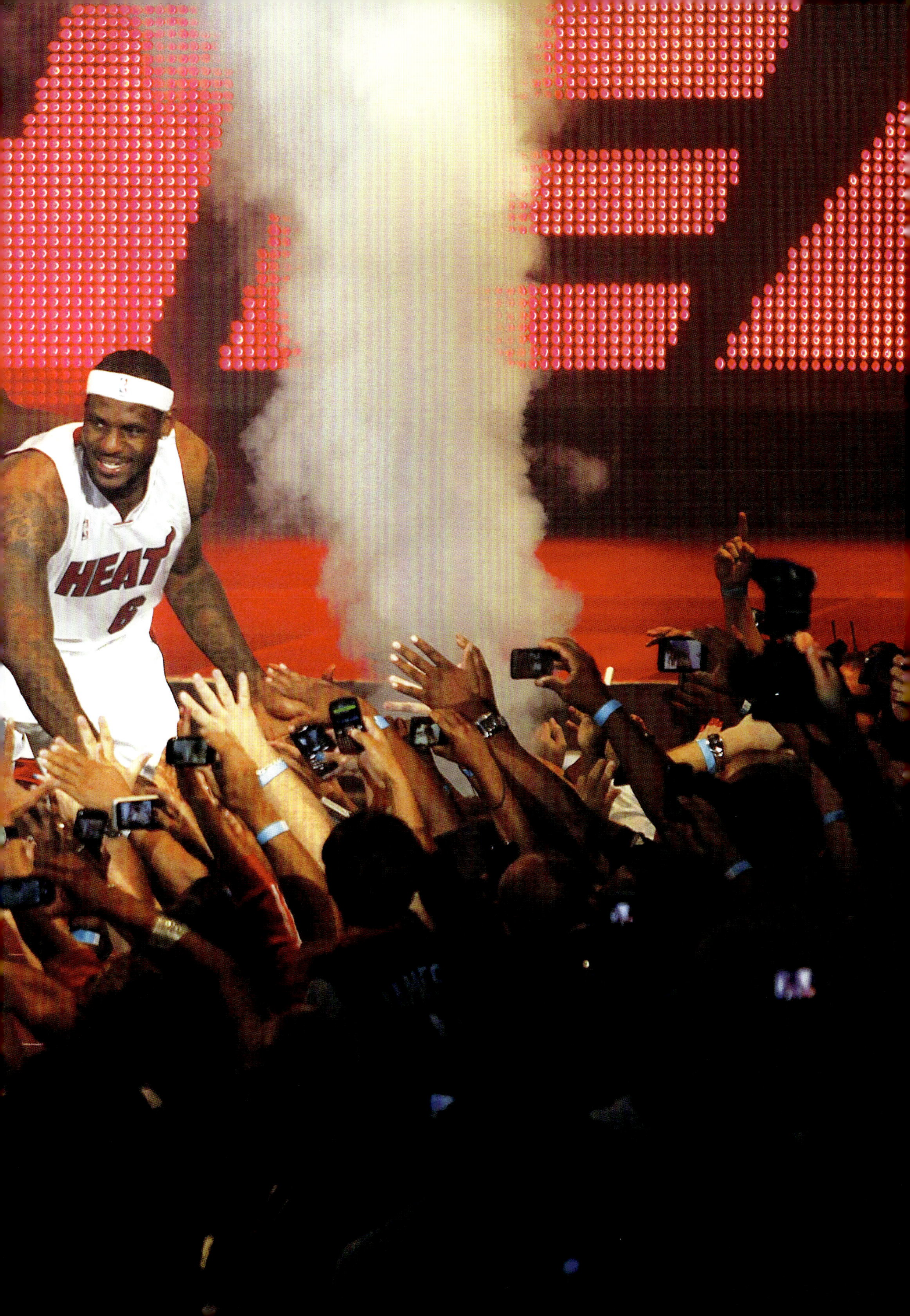
HEAT
6

那时候，我们刚刚发现迈阿密热火可以签下3名顶薪球员。我们之前就知道热火有两个顶薪的位置，这就是为什么勒布朗和我有在讨论要一起打球。但当我们其实有3个位置时，问题就变成了："嘿，第三个要找谁？"勒布朗和我的反应都是："克里斯·波什。"

我记得那次跟克里斯碰面，我们在讨论，克里斯就在那里听我和勒布朗反复地说。勒布朗说："听着，伙计们，我不再关心什么得分王了。"那时候，勒布朗已经有了两个MVP。他想要总冠军。与此同时，我刚拿到得分王。我跟他们说，得分王没有给我带来任何东西。我本来还以为能有辆车什么的。我什么都没得到！我得到的只是一个不错的赛季。

我想要更多总冠军。

但我记得克里斯就这么来回看着我们，什么也不说。最后，他终于打破了沉默。

"等等……你们是来真的吗？"

我俩都超级困惑地看着他。我脑子里想："哥们儿，我们一块儿坐在这里……就是来谈论这事儿！当然，当然是来真的！"但是，克里斯直到那一刻才明白过来："等等，你们真的想这样吗？是来真格的吗？"勒布朗和我再也忍不住了，我们放声大笑起来，笑到肚子痛、脑壳疼。事后看来，这也是世界对我们的反应。

这是真的吗？他们真的这么做了吗？

那次碰头，我们知道，如果我们决定一起打球，这将会改变NBA。如果我们干了，后续影响要远远超过我们几个人本身。我们担起了责任，把权力转移到球员们的手中。我们三个聚到一起，是为了比总冠军更重要的事情。当然，我们想要总冠军，但这更关系到文化的改变。这就是那次碰面的关键，尽管当时没有敲定任何事情，但是给未来播下了种子。

几天之后，我们跟各自的团队会面。克里斯和我的经纪人是同一个（亨利·托马斯），所以我们经常在办公室碰到。我们就简单问候一下，看看会面进行得如何。但有几次，我也会跟克里斯在会议结束后一起吃晚餐。现在回头想起来很有趣，因为在晚餐聊天时，我们都想知道对方团队在想什么。我们互相尊重，所以我不会直接问克里斯。但有时你会很神经质，心想："哦，该死，我觉得克里斯真的很想去纽约。"这是相当有趣的动态

说干就干！

过程。我们的想法是，等到一切尘埃落定——那仍然是我们想做的事情——我们会在最后做出决定。但在这个过程中，你要做自己的功课，看看你到底想去哪里。

在整个自由球员的过程中，我跟勒布朗大概只有两次对话，都是日常的朋友聊天，没什么大事，就很普通。"嘿，哥们儿，会开得怎么样了？最近生活如何？"让我们快进到"决定"吧。不是那场电视节目，而是真正做出决定的那一刻。我在南卡罗来纳，因为我老婆在那里录节目。我刚到海滩，我们计划看看烟火，弄点烧烤。就在这时，勒布朗来了条短信，问我方不方便接个电话。我说当然，然后我们也发信息给克里斯。我们想把这事儿跟彼此说个明白，这样就可以一起来享受属于我们的独立日了。

当时，关于我们准备成为队友的流言已经传开来了，很多人都在问我。我必须远离所有人。我走到房子下方的一个小角落，和他俩通电话。我们就在那里，问了一个价值百万美元的问题。嘿，准备好了吗？你们觉得如何？

我第一个摊牌："老实讲，就我的选择来说，最好的去处要么是芝加哥，要么是迈阿密。"每个人都说了自己考虑的球队。下一个问题是，我们想不想一起在迈阿密打球。

"我干。"我说。

"我干。"几秒钟后，勒布朗说。

所以现在热火有了我和勒布朗，但你永远不知道别人会做什么决定。有一个计划在那里，可你不知道会不会有哪支球队给谁开出了"教父"式的条件，一份你无法拒绝的合同。但现在，我们离彻底改变我们所知道的 NBA 只差一句"我也干"。我躲在一座破房子下面，心脏快要跳出来了。然后，克里斯·波什下了决心。

"××的，老子干！"

那几秒钟，时间就像静止了一样。有整整一分钟，我们在电话里就一直在说那一两句话。嘿，我们真的要这么干了！我们挂掉了电话，但还是有些恍惚。我兴奋得不得了，但不能告诉任何人。我的团队明白了。我跑去找加布（Gab）："快过来！什么话也别说！"我告诉她，但没有再跟别人说过，直到 7 月 7 日跟克里斯在电视上宣布此事。那天我在举办一个训练营，而我们真正决定组建三巨头是在 2010 年 7 月 4 日。从那之后，一直到勒布朗在电视上宣布自己的决定，期间我都没有再跟他说过话。

那好几天，勒布朗没有跟任何人说过话。7 月 7 日，克里斯和我在 ESPN 上宣布了我们的决定——现在只差最后一块拼图了。我丝毫不担心他会在最后一分钟退出，但在正式公布之前，没有什么是确定的。勒布朗宣布要把天赋带去南海岸的时候，你要是能看到我的反应，就知道什么是真正的开心，因为那天晚上我都快神经崩溃了。我们干了，是的，真的干了。每个人都觉得这件事情早有预谋，我们早在几年前就已经定好了计划，事实绝非如此。我们都经历了各自的旅程，最终各自到达了目的地。是迈阿密热火队让我们有机会能成为队友。这就是我们的故事。

另外，该死的，如果再来一次我还是会这么做。

多么超现实的一天。

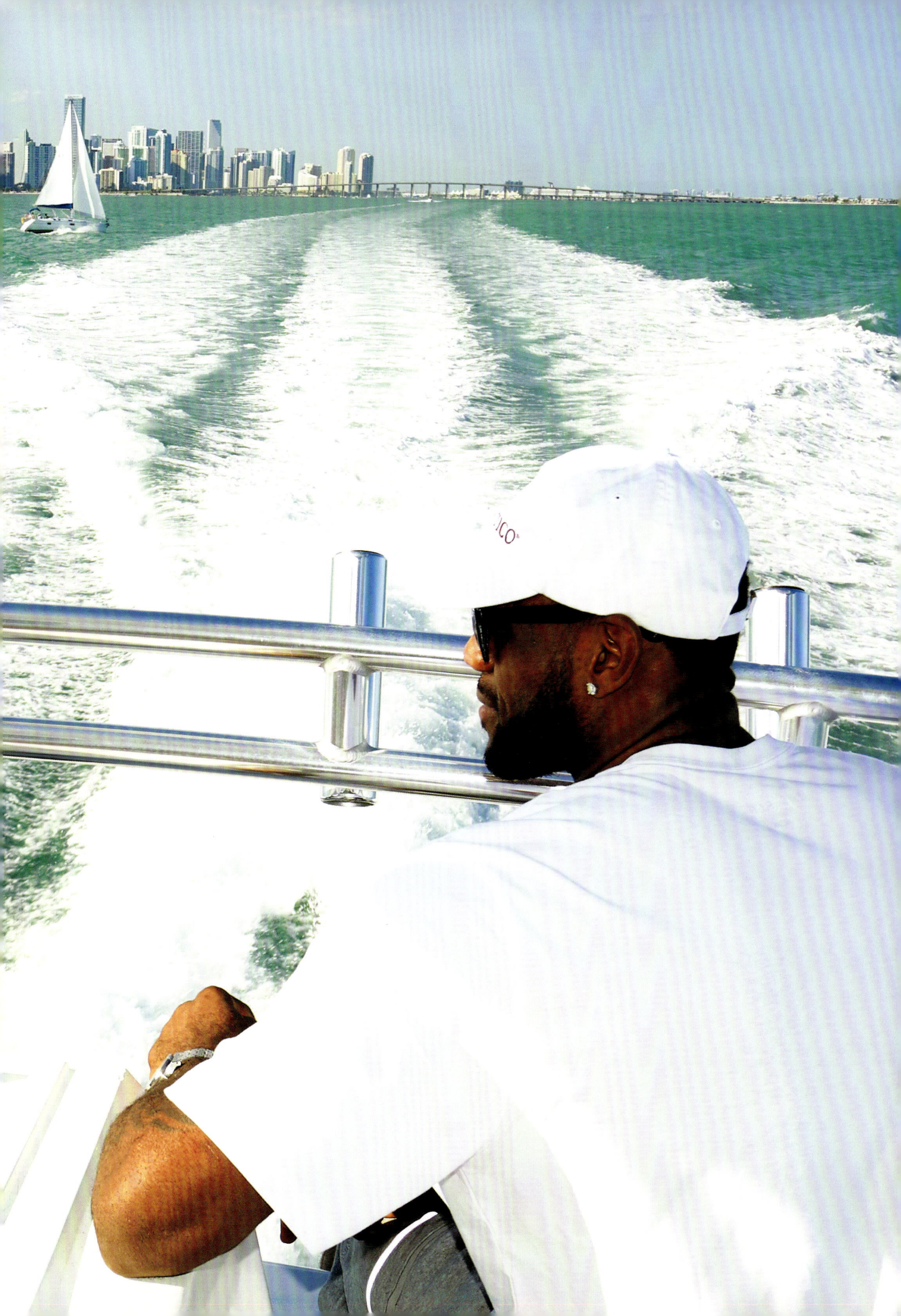

第一年，世界对我们的敌意太大了。有些是有理由的，我们知道很多人会对我们的"决定"感到不满。但还有一些是纯粹的仇恨。那么多人想看到我们输球，我们本可能在赛季中轻易地崩盘，但我们没有。在东部决赛击败芝加哥时，我们变得太骄傲了。我们只知道，都打进总决赛了，我们一定很强。但篮球和人生的基本规则是，你不能把任何事情视为理所当然。输给达拉斯让我倍感耻辱。更糟糕的是，NBA停摆了，于是我们就得坐在家里反复回想这次失败，整整一个长夏。

我们听说去基比斯坎（Key Biscayne）的迈阿密公开赛的路很堵，于是我们找到了另一条捷径！

跟勒布朗一起参加赛后发布会是件很有趣的事情。那些年，我们每天晚上都承受着巨大的压力，其中很多都来自我们自己。这就是为什么我们总是一起面对，仿佛我们在与世界为敌，但只要拥有彼此，就没什么大不了。勒布朗和我都知道，我们的职业生涯将永远缠绕在一起。当我们三人在2010年成为队友时，我们知道自己承担的风险。离开克利夫兰，勒布朗牺牲了很多。他因为"决定"而受到的强烈反对，光是外人看着都觉得不容易。我关心他，称他为兄弟，却遭受猛烈的诋毁——常常是丑陋且不公平的——只因为他说想要在另一个城市打球。因为被烧掉的球衣和丹·吉尔伯特（Dan Gilbert）的公开信，我看得出他很受伤。2011年，当我们输给达拉斯时，俄亥俄州州长通过了决议，授予独行侠队"荣誉俄亥俄人"称号。这就是勒布朗要面对的那种仇恨。看着事情变成这样，我很伤心，所以我始终希望自己能给他支持，因为他一直都在支持我。

同样，勒布朗也清楚我做了多少牺牲，并不是说我需要一朵小红花什么的——我这么做是因为我想这么做。我对我们在迈阿密当队友的时光没有任何遗憾。勒布朗是那种总有压力逼着他去完成不可能做到的事的人。如果你是史上最伟大的球员之一，这就是你要付出的一部分代价。但我永远不会忘记我们第一次夺冠，和2013年卫冕时，他脸上如释重负的神情。

你永远都希望看到你的朋友开心。

既然谈到了兄弟和最喜欢的照片，请允许我介绍一下这张。我知道你们脑子里在想什么。克里斯·波什光着膀子，我穿着卫衣。户外的温度到底是多少，我也记不清了。

只要热火三巨头登场，那一定是一场大秀。不管是输、是赢还是平局，你都知道，只要那晚我们在你的城市，其他一切都不重要。

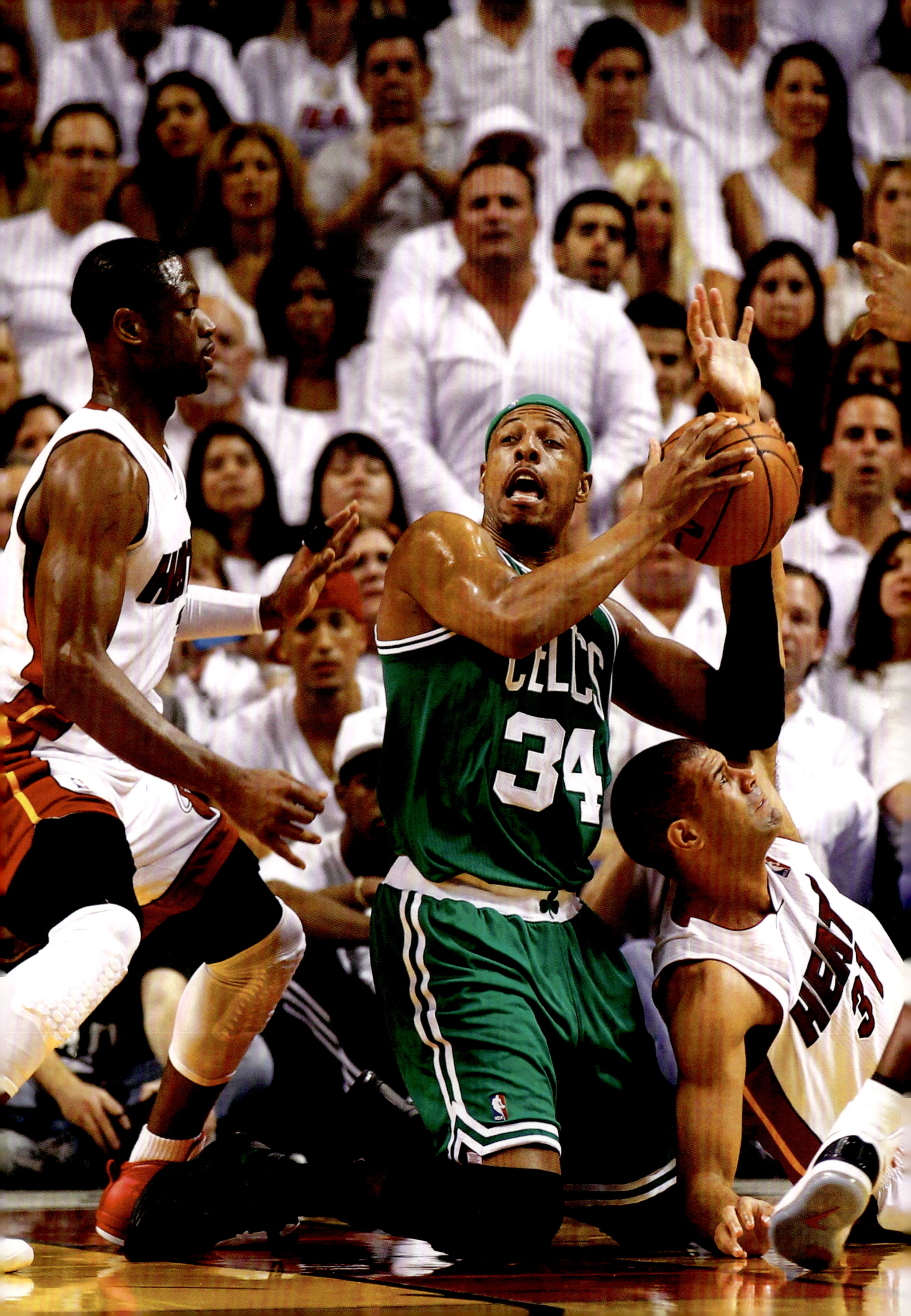
34
HEAT

三巨头

我和克里斯、勒布朗都想要总冠军。但是我们也真的很想要打败凯尔特人。他们不喜欢我们,我们也不喜欢他们。他们有我们想要的东西——总冠军,而他们不会因为我们是联盟里最火的球队就拱手相让。

这正是三巨头走到一起的原因。

我们把波士顿逼入这种境地。

季后赛跟保罗·乔治（Paul George）和步行者的较量非常强硬，你们在电视上看到的都是真的。

在我们跟步行者的季后赛中，保罗·乔治是位年轻而又强大的对手。如果能让我变成另一个人的比赛风格，我会选择保罗·乔治。毫不费力的射程，运球能力，运动天赋，关键球，以及最重要的，可以锁死对手。在他身上，实现了身高、速度、运动能力和第六感的完美结合——他在攻防两端都非常厉害。没多少人能做到在砍下 35 或 40 分的同时还要防守勒布朗。保罗·乔治是我在 NBA 那些年里最欣赏的年轻球员。

别再提那双膝盖了。

"巅峰老头"时期，我保持专注，掌握各种技巧。这套黑色球衣我们穿得不多，但每次上身都很酷。

- 72 -

这个故事今天大家都很熟了。2011年总决赛输给达拉斯之后，我告诉勒布朗，他必须成为这支球队的领袖。这对我来说是件容易的事吗？该死，一点都不。我们都有自尊和骄傲，但我知道，我们心中共同的目标才更重要。勒布朗清楚这是我的球队，我的城市，我们都不想破坏两人的友谊。

但我们都想赢。

我知道，要达到这一目标，必须由勒布朗担任指挥。勒布朗自己也需要如此。那一刻改变了我们在迈阿密的一切。在总决赛输给达拉斯之后，我们都清楚，至少接下来3年我们还会是队友。如果我们没有夺冠，这将作为一场彻头彻尾的失败而被世人耻笑——可能是NBA历史上最大的失败。勒布朗当时26岁，从来没有真正大伤过。我知道他的运动寿命比我长。

机不可失，时不再来。

我们在2012年赢下第一个总冠军时，我感觉我们的正当性终于获得了认可。我们总是听别人说，说我们如何毁掉了这项运动，说我们不配夺冠，因为"选了简单的路"。听着，我们一路上有过许多欢乐，也有不少争吵，但绝没有什么是一蹴而就的。许多1月份的比赛都有着季后赛的氛围，因为我们是联盟公敌。我们就是这么被人针对着，而这只会让我们更亲近。

总冠军。又一次！

CHAMPIONS
20 13
NATIONAL BASKETBALL ASSOCIATION
CHAMPIONS
BACK-TO-BACK
20 13
WHITE HOT
13 BACK-TO-B
CHAM

我跟 3 这个数字很有缘。

我们做到了

今天，我还能看到五彩纸屑在飘落。

我还是新秀的时候，拉马尔·奥多姆说过一些让我永远不会忘记的话。篮球可以把你带到最高峰，然后一瞬间再将你抛向最低谷。这句话从拉马尔嘴里说出来意义重大，因为他就经历过这些。所以，在三巨头时代，我努力珍惜每一刻，因为我知道这些东西——脸上的欢愉，竞争的刺激，实现目标的喜悦——不可能永远持续下去。

我还能回忆起 27 连胜时的兴奋。我还能感受到奖杯就在我手中，我看向汉克："我们做到了！"跟最亲密的朋友一起达成这一切，是你无法用金钱来衡量的。

2012/2013 赛季。你自己选一瓶毒药吧。

我们必须成为一体

联盟内外总有人想在我们的关系当中寻找到嫉妒或缺点，但我们从来没有给过他们机会。你只要看到勒布朗，就会看到我。只要看到我，就会看到勒布朗。作为球队最好的两名球员和领袖，我们知道我们必须成为一体。

每场季后赛后的双人新闻发布会在一起，休息日在一起，训练日在一起，庆祝最重要的时刻时也在一起。花生酱果酱三明治就是这样诞生的。

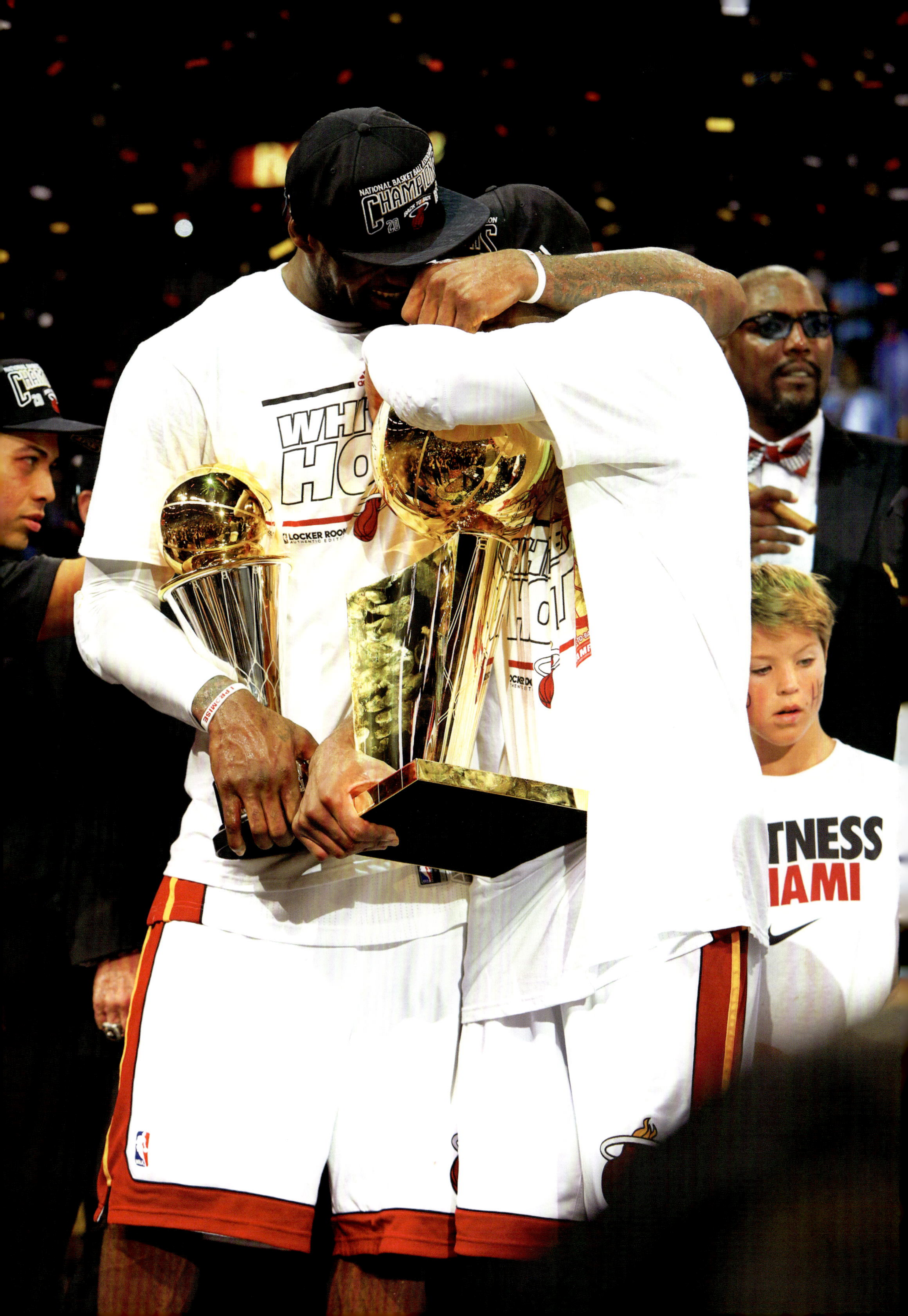
LOCKER ROOM
I PROMISE

这种感觉，这种时刻，就是我们为什么要放下个人心态和目标，拿更少的薪水，去组建一支能够夺冠的球队的原因。请允许我来为大家介绍——总冠军。

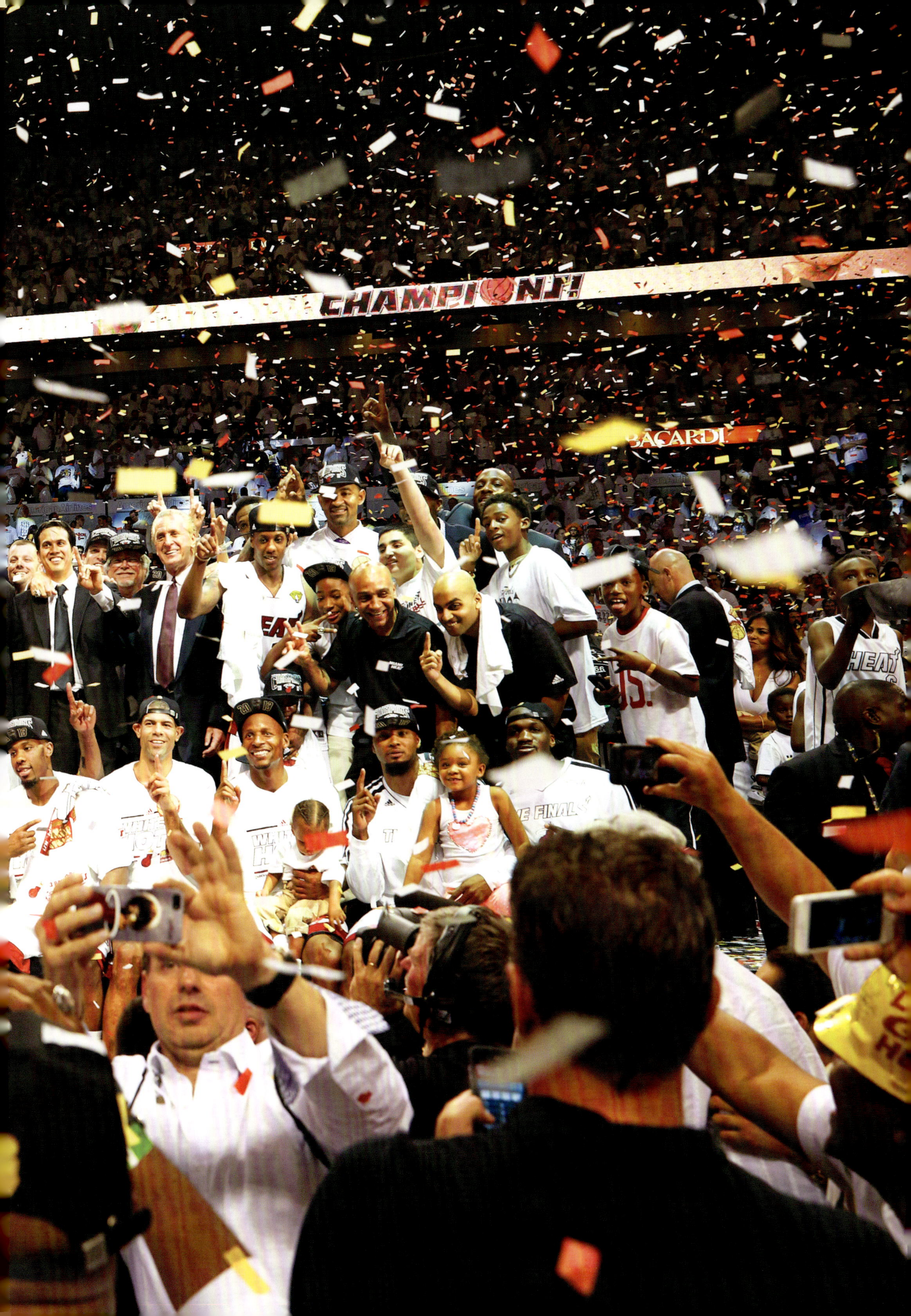
CHAMPIONS!
BACARDI
HEAT

我赢得的每一个总冠军
都是不可思议的,但第
三个格外与众不同。

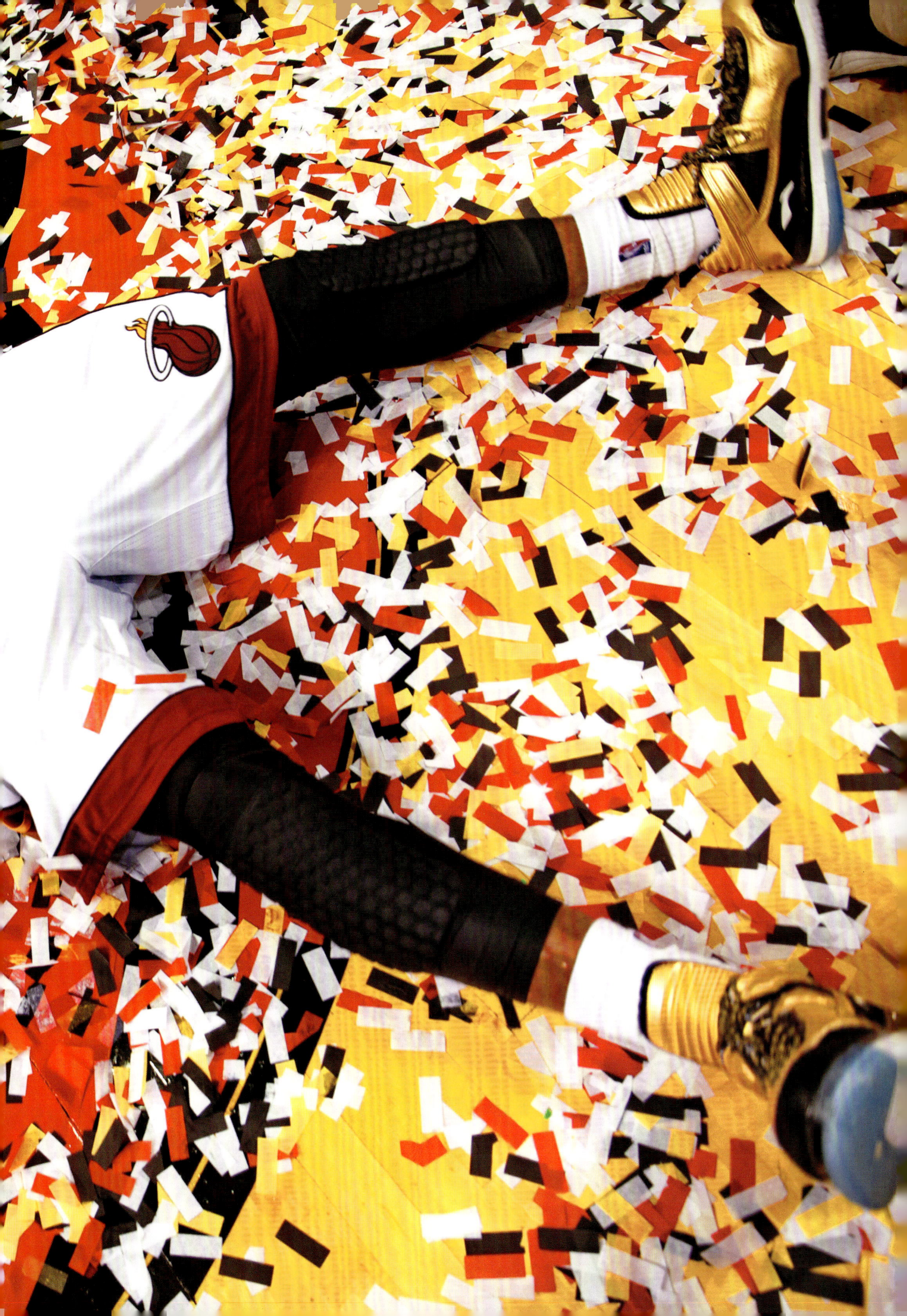

2007/2008 赛季，我们只取得 15 胜 67 负。赛季结束后不久，埃里克·斯波尔斯特拉成为了我的主教练。那一年大部分时候我都在受伤，球队里有一种感觉，我们需要改变。我从进入联盟起就认识斯波了，但当他第一次担任主教练的时候，不瞒你说，我们之间有很多起起伏伏。但没有什么比逆境更能教会你如何进化。斯波和我都成长了许多。

2016 年，当我离开迈阿密去芝加哥，不知道自己未来还会不会再身披热火球衣的时候，信不信由你，斯波和我变得超级亲近。我们互相给对方发短信、打电话。不仅仅是篮球，我们像朋友一样交心交底。这也是为什么，我后来回归迈阿密是如此之特别。我不仅会在当初选中我的球队退役，还会在斯波身边退役。

斯波总是为球队做出正确决定。我尊敬这一点。

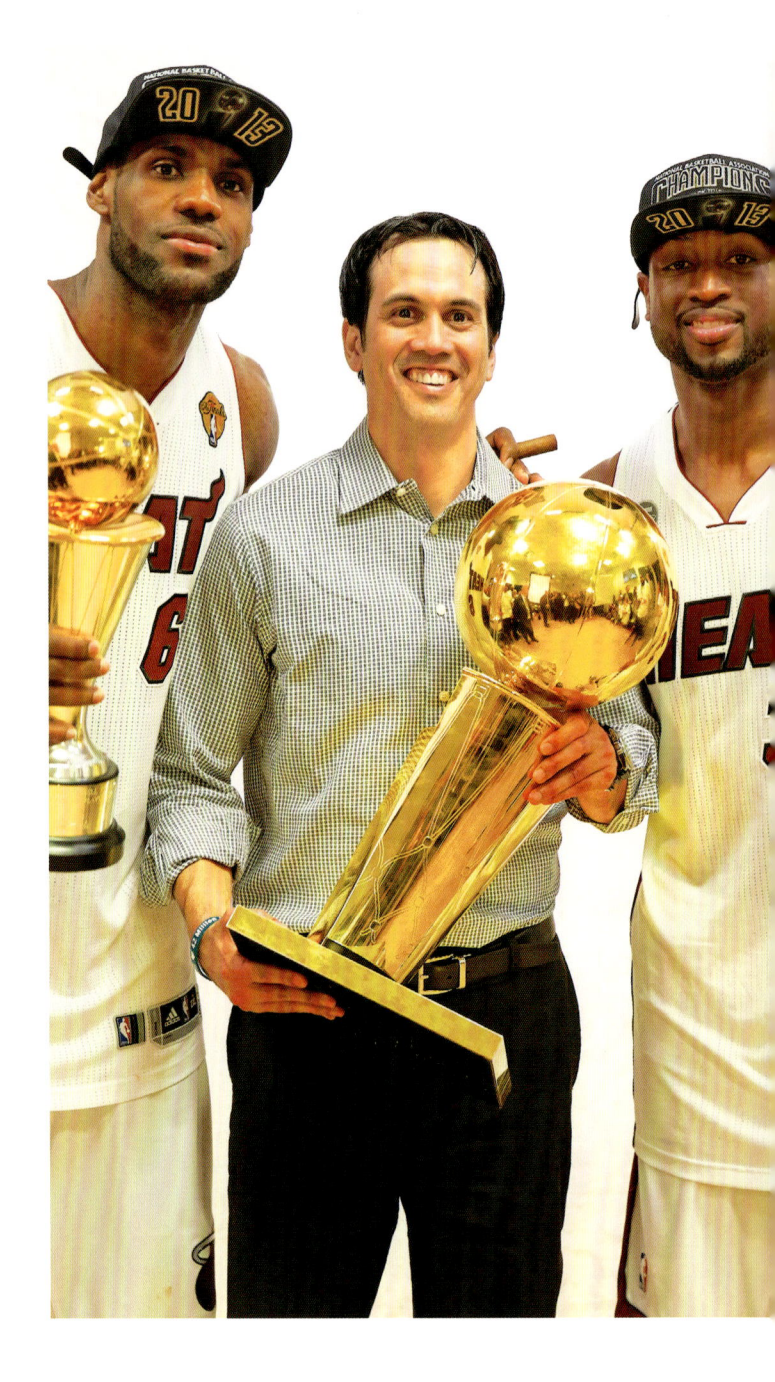

埃里克·斯波尔斯特拉

这张照片最好地回答了我们是谁，我们为何要聚在一起。我们刚刚击败了马刺，赢得三巨头时代的第二座总冠军。我坐在地板上，抱着奖杯，享受这一刻。克里斯·波什和勒布朗在更衣室接受采访，一结束就过来坐到了我旁边。克里斯·波什可能贡献了热火队史上最重要的篮板、助攻和盖帽——这些都来自于总决赛第六场。雷·阿伦（Ray Allen）在那场比赛中投中了史上最关键的投篮，没有之一。要不是克里斯和雷，我们就没法庆祝这个冠军。看着克里斯抢下篮板，雷后撤到三分线，我可以发誓，那一刻在现实中是以慢镜头的方式呈现的。球在空中飞了很久，仿佛那是永恒。如果第七场比赛没有巴蒂尔（Shane Battier）的 6 个三分球，或者勒布朗和我合砍 60 分和 22 个篮板，同样也不会有总冠军，就这么简单。我们知道这个总冠军是我们拼了命赢来的。这就是我们为什么在微笑。

对于一群毁掉了联盟的家伙来说，这样的奖励还不赖吧？

这些是你为之而奋斗的时刻：在比斯坎大道与你的城市和球队一起欢庆。

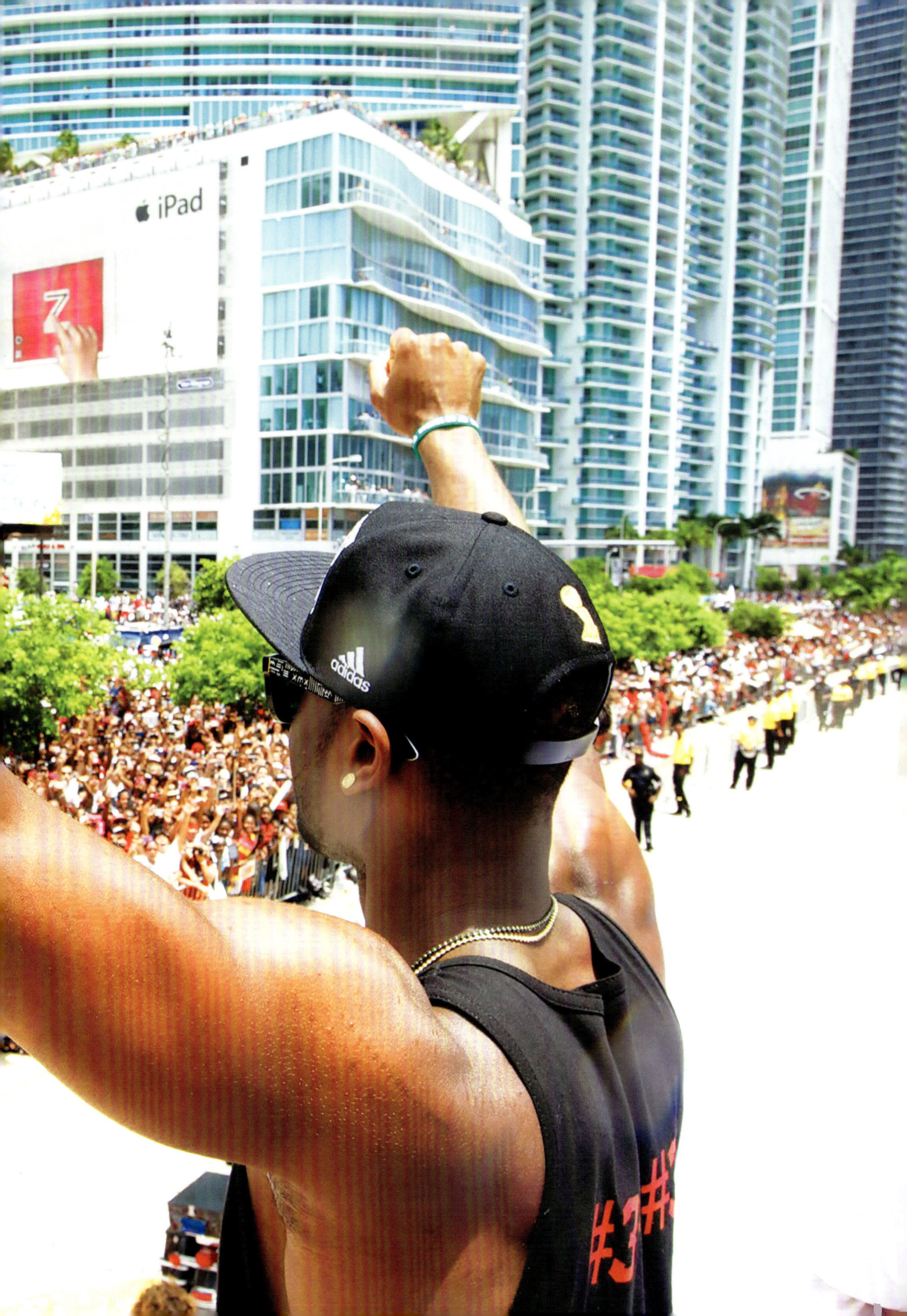
iPad
adidas

"我只需要自己人的爱／整个行业恨我都没关系／我自己杀出一条生路。"

Jay-Z 说这话的时候没有撒谎。随着岁月流逝，我的身体状况越来越差。连着 4 年进入总决赛意味着你的身体来不及恢复。到最后，我们都在照料身体上投入了更多时间。每场比赛后，我们都会一起泡冷水澡。有的比赛，我们不会跟彼此说太多话，而在其他时候，比如这张照片里，我们就单纯享受自己作为联盟巨星的快乐。

这张游泳池的照片拍摄于 2014 年我们赢下东部决赛后。这是我们三个最后一次作为队友一起欢笑。我想我们都知道 2014 年是这段旅程的尾声，但整个赛季，我们没有真正提起这个问题。再说一次，我们关注的都是活在当下——我想我们几个家伙那几年里都是如此。

球员进入联盟，都会梦想能成为冠军球队的一部分。但我认为大多数人都不明白每一个赛季会有多少挫折，多少精神阴影。能有 3 个赛季以总冠军奖杯结束，这意味着我的篮球生涯非同一般。

3

我对篮球的热爱从芝加哥开始。在这里,我学会了这项运动。在这里,篮球让我在成长过程中可以逃离现实生活。在这里,我学会了如何用自己的方式主宰命运。我回来了。我这辈子都在梦想着在艾伦·帕森斯计划(Alan Parsons Project)的歌声中出场。相信我,你知道我说的是哪首歌。多年来这一直是公牛队开场介绍的主题曲,因乔丹、皮蓬和那支伟大的公牛队而出名。我们这些年轻球员都幻想过能被这首歌召唤登场。

签约加盟公牛队是一段非常私人的经历。从很多方面来说,这都是我必须要做的。有机会每天晚上在妈妈和家人面前打球,这曾是我的梦想,如今成了现实。

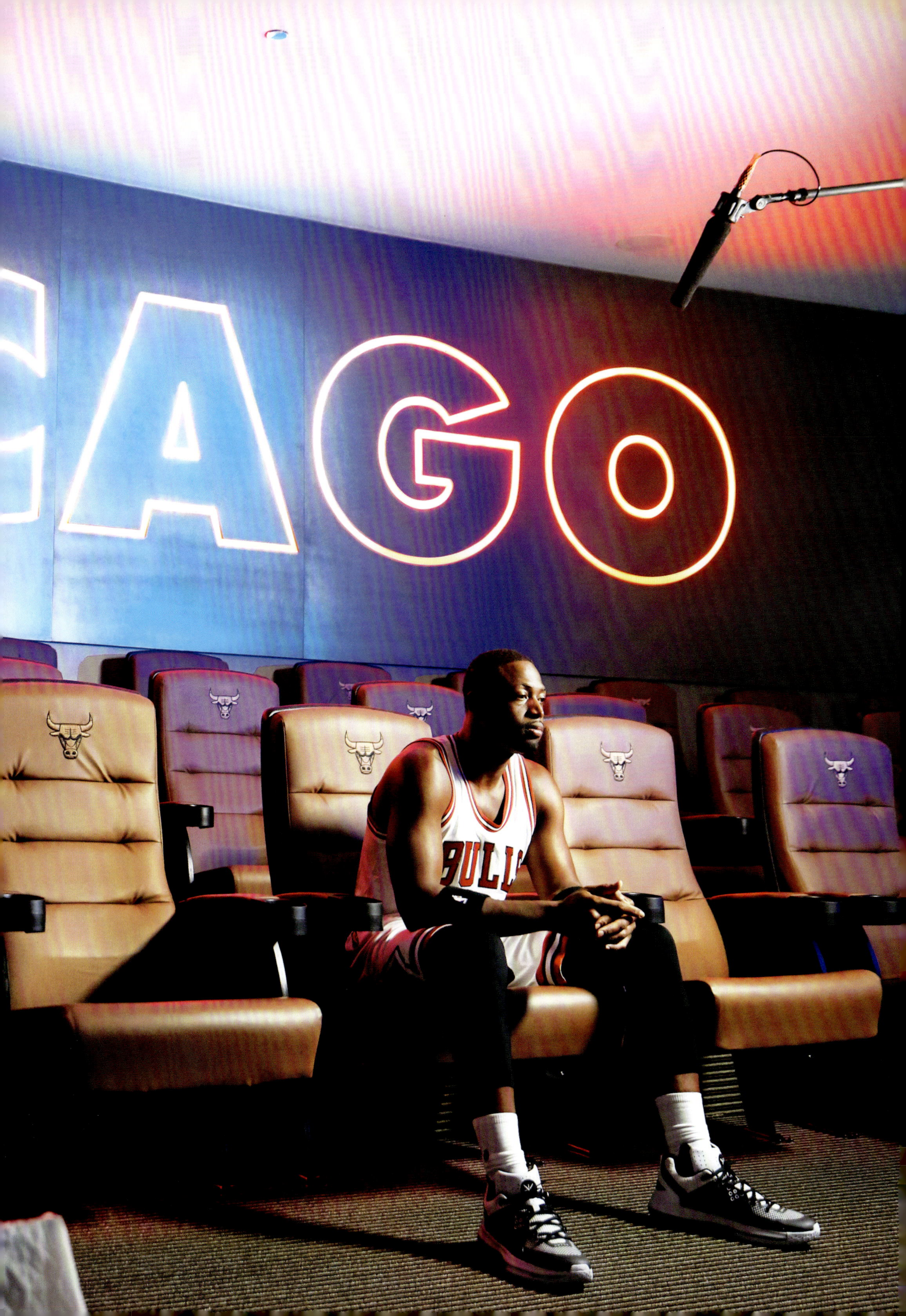
CAGO
BULL

这张照片让我意识到芝加哥的冬天还是跟小时候一样冷。

作为联盟的老将，我的任务就是把多年来作为职业球员学到的知识传授下去。

我知道吉米是因为他为马奎特大学打球。我实话实说，那时候我不觉得他是个很好的球员。当吉米在第一轮第30顺位被选中时，我记得自己心想："第一轮——这对吉米来说真不错！"

但进联盟后，他成了一个你必须好好应对的人。在防守端，吉米超级厉害。

他进 NBA 的时候，公牛队和热火队已经成了宿敌。我能从吉米身上感受到这一点——哪怕是在场下！他不跟我说话，甚至都不看我一眼。但等我去了芝加哥，吉米是第一个张开双臂拥抱我的人。我把他照顾得很好。虽然这是吉米的球队，但他从第一天起就抱着学习的态度，把能从我这儿学到的一切都吸收干净。我们成了兄弟。

嘿，吉米，你说你永远不会穿的这件球衣，穿起来感觉怎么样？

关于这一点，我自己也有经验。我从没想过会披上克利夫兰的球衣，但我确实穿上了。

美航中心。这张照片最疯狂的地方在于，这是我唯一一次以客队身份在美航中心打球。走进客队更衣室并开始准备的时候，那一刻简直是超现实。但哨声一响，就还是该怎么打就怎么打。

听着，如果我说不在迈阿密的时候没有想念这里，那一定是撒谎。我怎么能不想念呢？我生命中的许多故事都与这支球队和这座城市有关。不过，这也太疯狂了点。我很高兴最后没有人因此而受伤。有时就是得大胆去做——虽然这意味着你要在 NBA 比赛中闯进球场狂奔。我不建议你们这么做。但我后来还是回来了，所以也许说到底这一切都是值得的。

不过，说认真的，克里斯，你这是在干吗？

别闹了，克里斯，
你认真的吗？

克里斯·保罗，我遇过的好胜心最强的对手之一。这听上去像是运动员的日常互吹，但我向你们保证这是真的。为了胜利，他愿意做任何事情——这说的还不只是比赛，训练、投篮练习、打牌，都是如此。保罗和我因为共同的信念和家庭意识而成为好朋友。他就是那种讨厌当小弟弟的小弟弟。

从对手变成队友……我非常尊敬拉让·朗多。因为他打球的方式，也因为他是那么愿意把自己的知识传授给年轻球员。

有一次，1月份，我们输给了老鹰队。我们挥霍了两位数的领先优势，我坐在更衣室里气得要命。我们很有天赋，队中有不少年轻人，但我感觉大家没有把输球太当回事。我在媒体上大肆抨击，对此我很后悔。我向队友道了歉。有些时候，你的情绪就是会突然爆发。我也曾在输球后大声开玩笑，但那时的我也不是35岁。我当时很有压力，真的想为公牛队和芝加哥做些特别的事情。那不过是我的一次情绪失控。

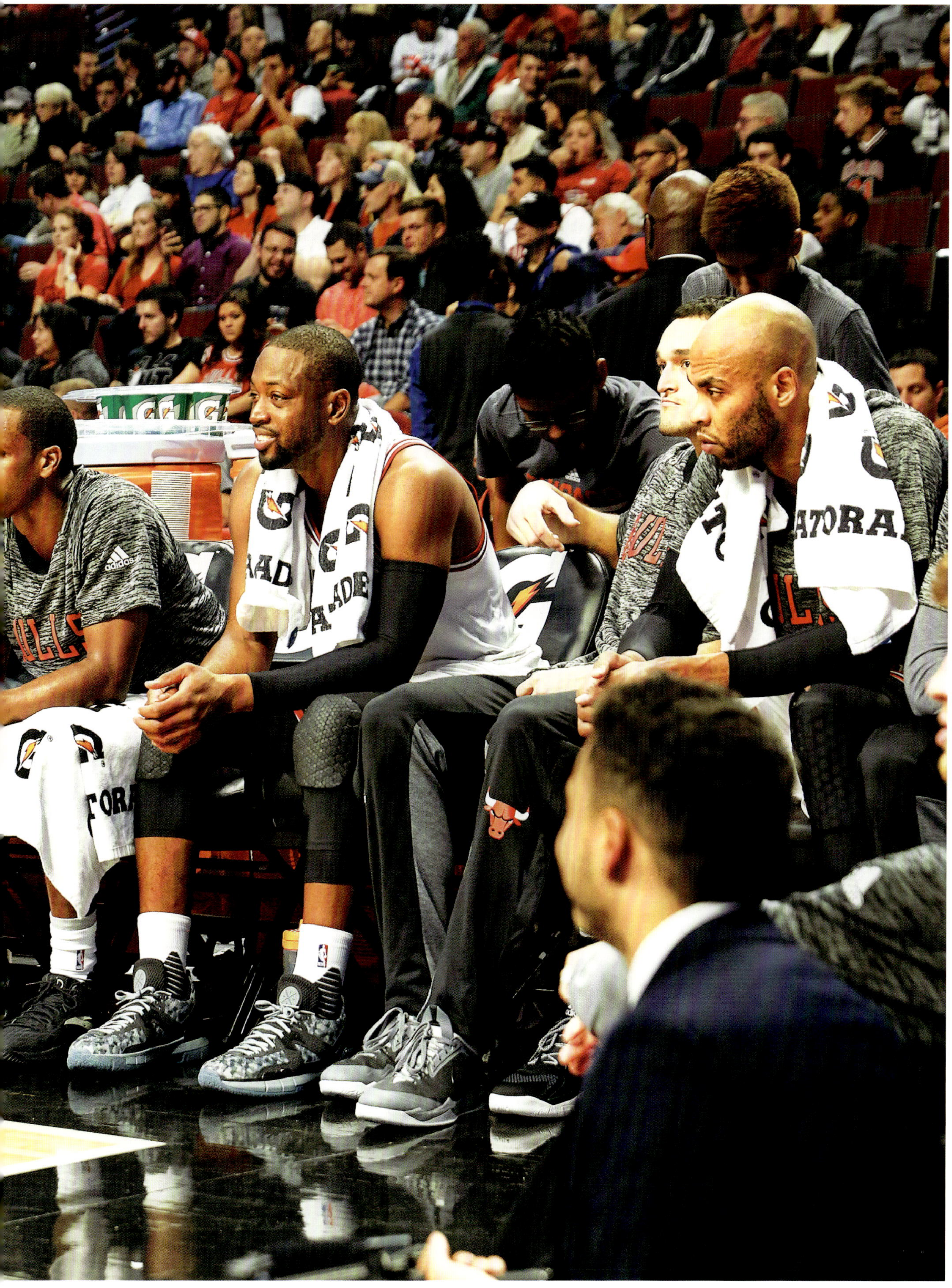

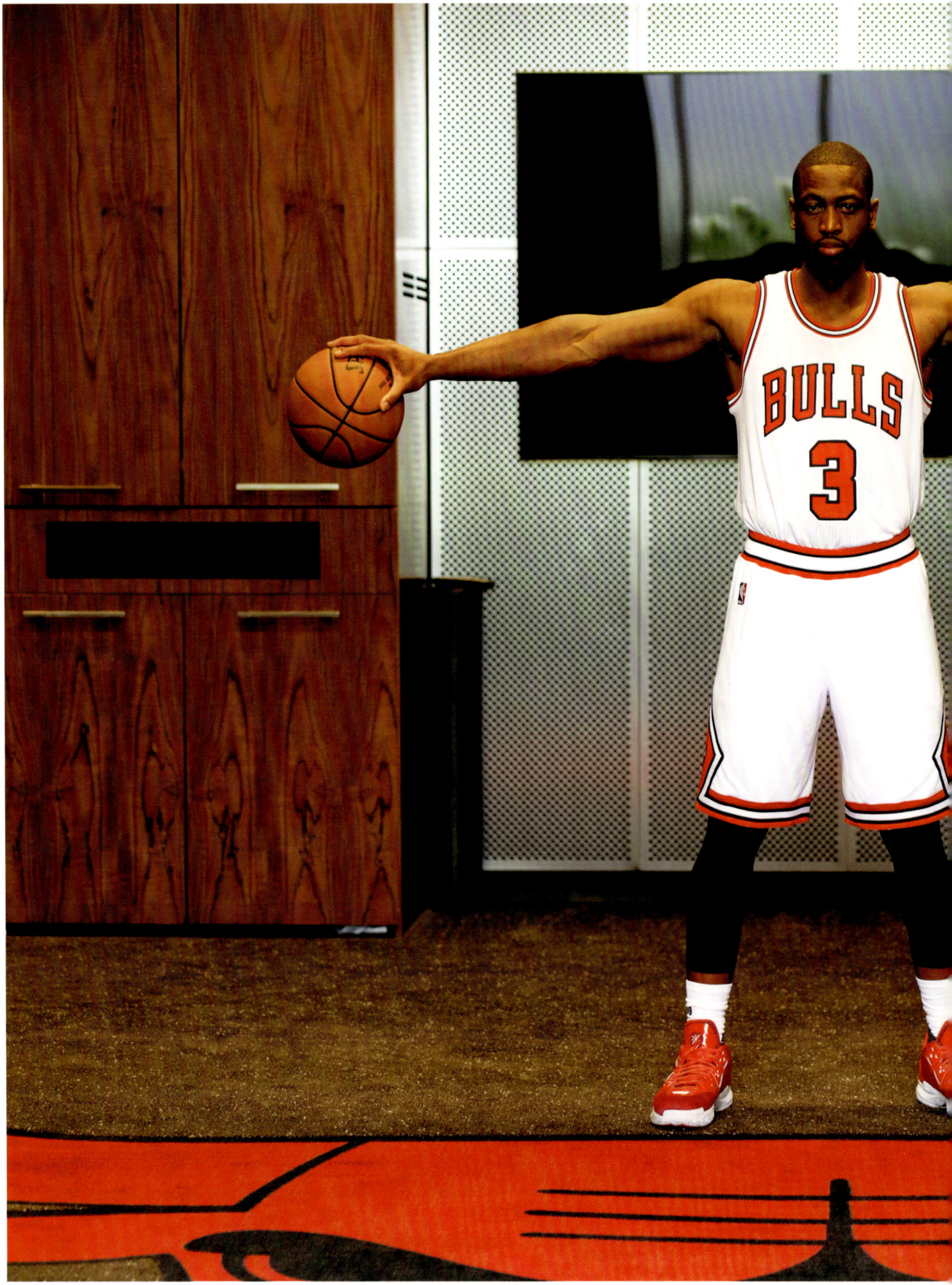
BULLS
3

我来自芝加哥，在本地电视台上看着乔丹、皮蓬、罗德曼和公牛队长大。看看这张照片，一个芝加哥的孩子穿着这件球衣在联合中心的灯光下打球，感觉很不错吧。我对芝加哥不留任何遗憾，一点都没有。为故乡效力一个多赛季真是太棒了。即使经历了那个赛季的高低起伏之后，我仍然会想起那些梦想着穿上红白公牛队服的记忆。

克利夫兰

我知道你们很好奇这是怎么回事。

在克利夫兰的短暂时光,我很高兴能再次跟勒布朗成为队友。球迷们很棒,速贷中心的能量每个夜晚都很疯狂。但大家都看得出问题——包括正在读这段话的你。我不会身披骑士球衣太长时间的。这看起来怪怪的,跟你说实话,这真的感觉怪怪的。但我非常感激克利夫兰帮我看清,自己到底希望如何结束职业生涯。

导致我离开迈阿密的一切都已经过去了。

我回来了

就在 2018 年交易截止日之前，我从骑士交易回了热火。离开迈阿密一个半赛季后，我回来了，也回到了熟悉的、嘈杂的季后赛。

当时我生活中发生了很多事情。汉克在 1 月份去世，我当时一直没走出来。当你失去了一个曾帮你做出许多重要决定的人，一个见证你成长的人，一切都不一样了，包括篮球。

重回热火正是我所需要的——更重要的是，这也是我家人所需要的。

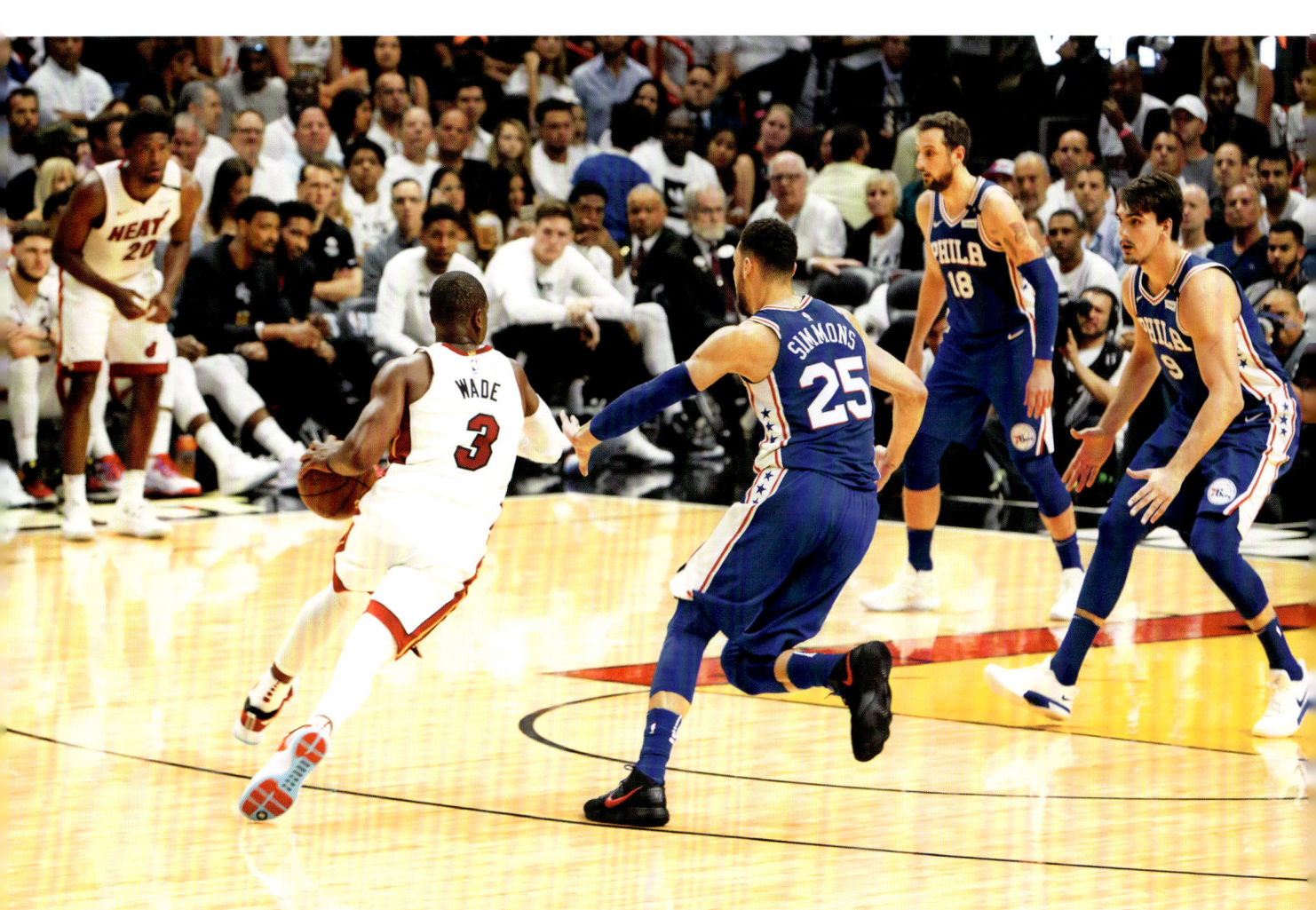

我现在看着这张照片，能想到的只有回家的快乐。我感觉自己重回青春，又找回了过去那种平静。

STYLE

MY GAME
我的打法

在中场休息回到更衣室之前，我要给你们讲讲我最喜欢的部分。既然我已经退役，就可以透露一些秘密了——所以把铅笔都拿出来吧。

对我来说，收获应得的赞扬从来都不是问题。但不知从什么时候起，我开始听到人们说"这是德维恩·韦德的绝招"。16个赛季里，我都数不清有多少次靠假动作走上罚球线。当今篮球记录了各种数据，怎么没有把这项也记上呢？

不管怎么说，这是我个人打法的重要组成部分。从各方面来说，这都是场完美风暴。突破到篮下，突然停住，给对手来个假动作，然后我就走上了罚球线。这有很多好处。这可以让对手陷入犯规麻烦，也意味着我影响了他们的思维。

这能让我走上罚球线——谁不喜欢免费的午餐呢？还能让我好好喘口气，而不必被替换下场。但是，尽管这是我的看家本领，但不能把赞许都揽在自己身上，因为我是从山姆·卡塞尔（Sam Cassell）那里学来的。

我在马奎特大学的时候，山姆在密尔沃基雄鹿队效力。我的跳投没有我的速度那么致命，所以我决定试点别的。我看到山姆无数次成功使出这招。我开始把这个动作加到自己的比赛里，而防守队员不停地吃晃。我可以看到他们飞在空中时的表情，非常失望，知道自己上钩了。我进入联盟时就会这招，整个职业生涯都在靠这个吃饭。我当然很高兴人们将其称为"韦德的绝招"，但必须要把荣誉归于前辈老大哥。

欧 洲 步

当你让防守队员一边后退，一边担心接下来会发生什么的时候，是一种权力在握的感觉。这时候，我唯一的任务就是为他挑出一瓶毒药来用。欧洲步是我最喜欢的花招之一。

刚进联盟时，马努·吉诺比利被认为是欧洲步的代言人。说真的，这实至名归，因为马努这招用得太牛了。阿伦·艾弗森也是。我也把这个动作纳入到武器库中，因为它能在转换进攻时帮助我轻易得分。

防 守

我总是将防守视为一种挑战，因为我喜欢防守。郑重声明，我至今仍然相信，2008/2009年度最佳防守球员应该属于我。我喜欢站在防守位置上，直视对手的眼睛。得分总是很有趣，但阻止别人得分有一种独特的成就感。

这球你进不了，也改变不了接下来要发生的事情。很多时候，我都在回忆老爸教我该如何打球的日子。我决不会让对手轻易得分。如果他们真的做到了，我可以保证绝对不会那么轻松。

我个人的最爱？2011年季后赛里用这招晃晕了凯文·加内特。

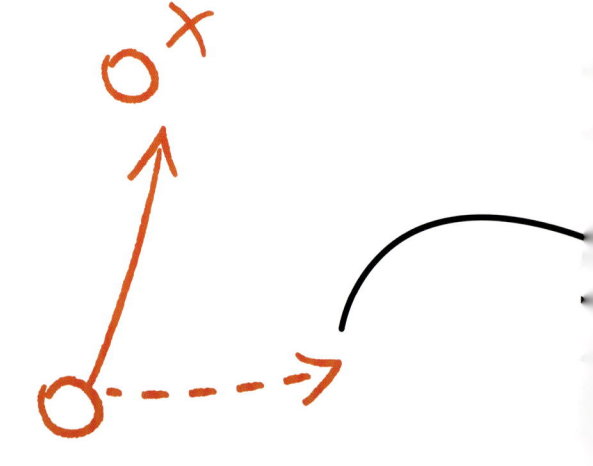

中距离

我不以三分球见长，但有一手致命的中距离投篮。刚进联盟的时候，中投就是我吃饭的家伙。我在进攻端有很多其他招数，让防守队员必须时时保持警惕，而稳定地命中跳投，就让我从进攻威胁变成了进攻噩梦。

打板，肘区，底线——我可以在球场上随便哪里命中中投。我花了非常多的工夫去练习。独自一人在球馆，几小时，几个月，几年……

过 人

当初他们管我叫"闪电侠"的时候，突到篮下对我来说根本不算什么。只要我想突，几乎就总能突进去。我清楚，防守人清楚，观众也清楚。

随着时间流逝，我不再是以运动天赋作为王牌的年轻人了。我必须依靠心理战术来打球。防守球员只要露出一些小马脚，就足够我突破他们。电光石火之间，观察他们的脚步，等待一个可能会来也可能不会来的掩护。当他们的注意力从我身上移开的瞬间，我已经过去了。

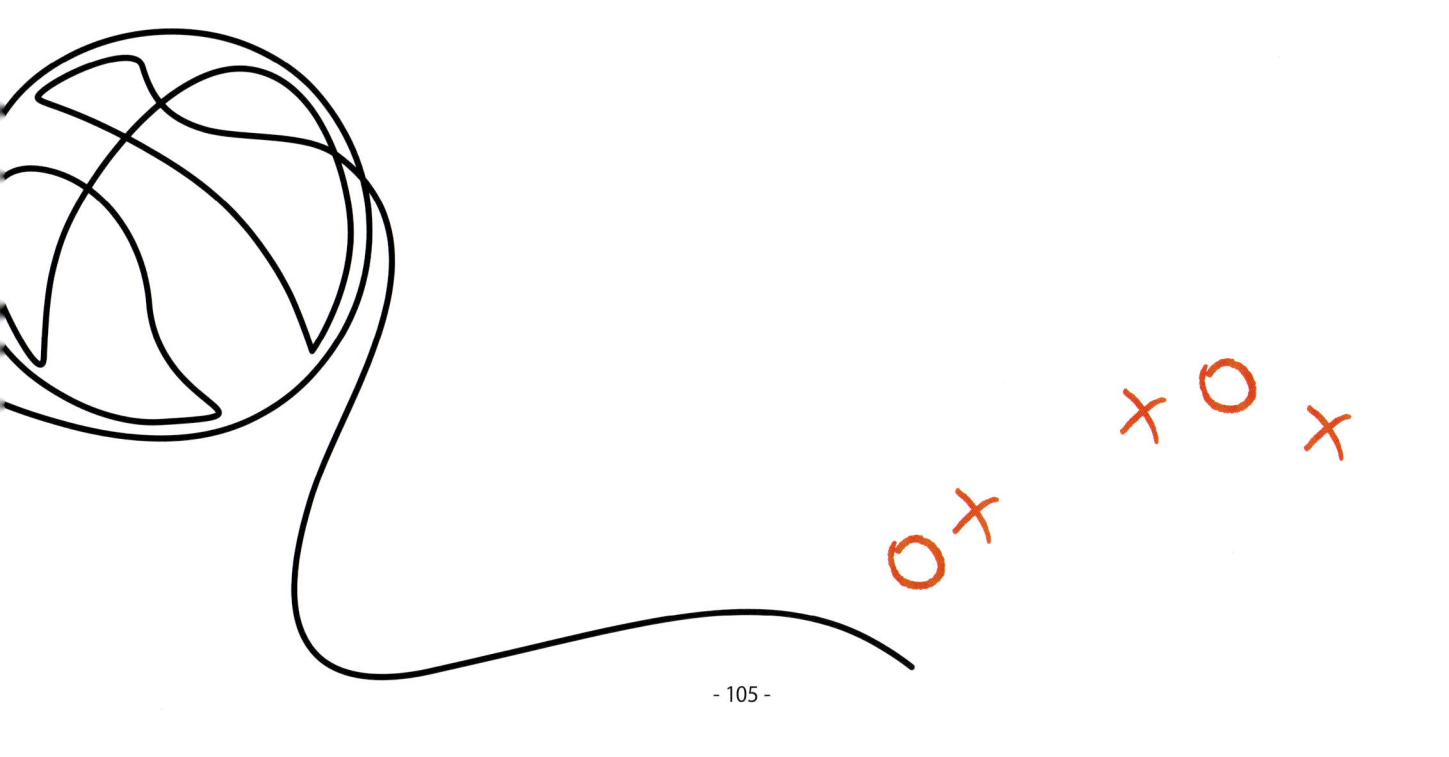

与盖帽手对决

无所畏惧,这是我必须具备的特质,既然我要靠突破吃饭。盖帽手靠的是制造胁迫感,把别人的投篮扇到第三排看台。我跟许多伟大的盖帽手对抗过,比如德怀特·霍华德、鲁迪·戈贝尔、塞尔吉·伊巴卡。

篮球是一项取决于瞬间决定的运动,面对盖帽时尤其如此。好消息是,我的武器库里有很多武器。首先,我会寻找角度。只要有角度,我通常就能得分。如果这招不行,我会采取更直接的对抗方式——用我的身体来抵消他们的盖帽能力。有时候,假动作也很有用。

比赛之所以是比赛,是因为我经常能在盖帽手头上得分,也经常被他们防下来。但在比赛结束后,我知道他们还会在那里等着我,他们也知道我还会回来。在这个过程中,我们彼此形成了一种无声的尊重。

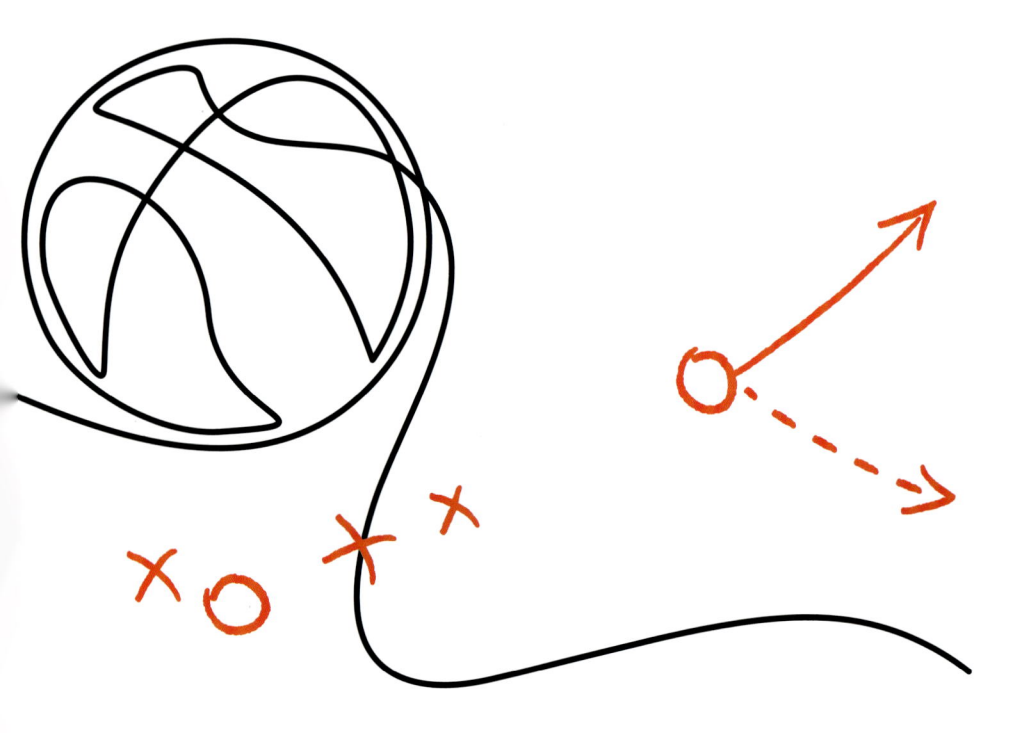

盖 帽

我认为自己是个谦逊的人，至少大部分时候如此。但在盖帽这件事上就不一样了——说到后卫的盖帽，我可是史上最佳，联盟历史上的山巅之王。不管你用哪个词形容，在我 16 年的职业生涯中，常规赛和季后赛盖帽次数比任何一个 NBA 后卫都多，这一点不容置疑。

你会问，我为什么为此如此骄傲？两个原因。首先，跟前面提到的被挑战的盖帽手一样——我自己盖帽时，也有着同样的心态。我在联盟中以盖帽而闻名，无论是一对一、补防，还是防守快攻时的追帽。这些事情印在对方后卫的脑子里，他们必须时刻注意我在球场上的位置。其次，我超越了迈克尔·乔丹，成为榜单上的头名。

有多少人能说最后这句话？

空 中 接 力

我生涯中最有名的一张照片可能是我和勒布朗在密尔沃基的合照。你知道我在说哪张。我伸开双臂，勒布朗在我身后扣篮。那成了我比赛中至今仍引以为豪的一部分——空中接力——的标志，尽管那球其实不是个空接。

常规赛加季后赛，我的职业生涯总共有 6571 次助攻，感觉其中至少有四分之一都是空接传球。比赛里没有多少事情比空中接力更能引燃全场观众和场上球员的情绪了。与队友间的默契，在进球之前就预见其发生，这实在太酷了。但是，关于空接有个问题——它们并不像看上去那么容易。并不是说传球必须完美，而是作为传球人，我有责任把球送到正确的位置。

《体育中心》十佳球和《奥尼尔五大囧》之间只有一线之隔。

HALFTIME

半场

生活的关键在于平衡

人生就是我们创造的经历，我们制造出来、可以相伴终身的回忆。

能否保持对手头任务的专注往往决定成败，我清楚这一点。我曾在波士顿参加过必须获胜的比赛，观众都在背后祈祷我会掉链子。我参加过与圣安东尼奥的总决赛第七战，对阵多位名人堂成员。我现在退休了，但在这点上变化不大，在做项目的时候，仍然保持着这种态度。不过，要是生活里只有工作，没有娱乐，那算什么呢？因为我很有好胜心，总是在想接下来要做什么？所以，适时地抽离出去，意识到自己有多么幸福，这是相当重要的。退一步，享受真正的生活。

回忆是生命的附属品。我感激自己去过的地方，一路上遇到的人。但何不休息一会儿，展示一下生活中那些让我觉得"哇，真不敢相信"的瞬间？

篮球为我打开了无数扇门，带我去了许多在芝加哥成长过程中根本无法想象的地方。我跟总统握过手，在中国赢得过奥运金牌，名字被写进歌里。这一章，你将看到我与一些你可能见过的人的友谊，一些你可能没见过的照片。范围非常广阔，有喜剧演员、球员、时尚偶像、脱口秀主持人、说唱歌手和传奇电视人。铺垫够多了，让我们从一个不需要介绍的人开始吧。

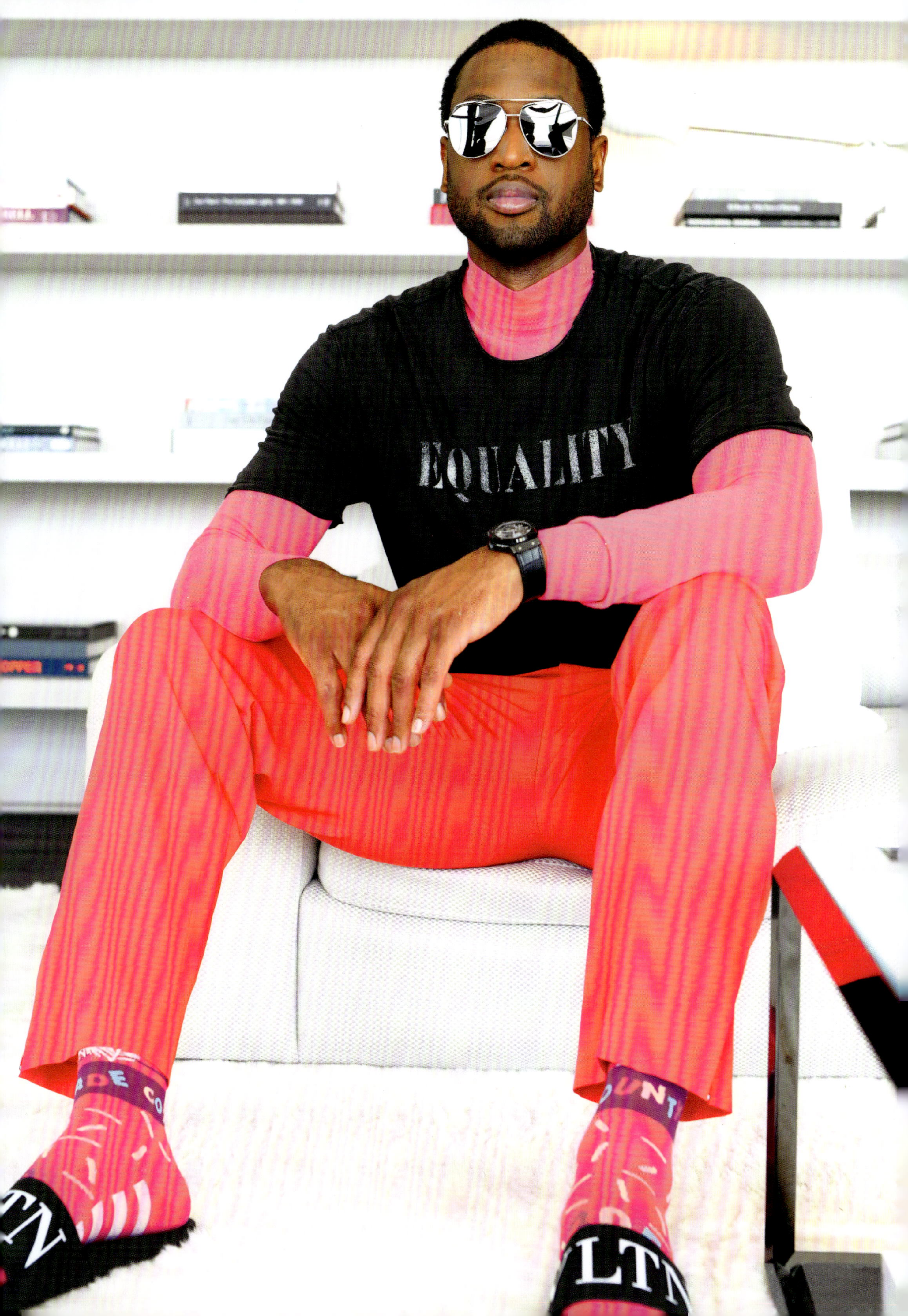
EQUALITY

时尚

在时尚方面，我不害怕一切尝试。

我的逻辑是，只要我喜欢，有什么不可以？

最左边的照片是 2016 年多伦多全明星赛。如果你对这座城市的 2 月稍有了解，就知道必须得穿上五件这样的皮套来保暖。那件皮套释放出了我内心深处《美国黑帮》里的弗兰克·卢卡斯。好消息是，我的职业生涯在穿上那件皮套之后迎来了圆满的结局。其他时候，我喜欢第二张照片那样随意的样子。你决不能说我这模样不帅。当然，你非要说也可以，但你真的说错了！

时装周就像一部电影。

我在那里碰到很多人。亚瑟小子（Usher）跟我一直是朋友。拿篮球打个比方，从 *8701* 到 *Confessions*，就像是一个精彩的空接配合。无论如何，跟亚瑟小子碰面总是很棒的，因为我们有一大堆可聊的，从当爸爸，到生意，篮球，世界上几乎一切事情都可以。

第二张照片是我、坎耶（Kanye）和维吉尔·阿布洛（Virgil Abloh）。是的，就是那个刚刚离开我们的时尚名流维吉尔·阿布洛，你最喜欢的 Off-White 运动鞋的设计者，路易·威登男装的艺术总监。但在 2011 年，我还不太认识他，我以为他是坎耶的助手。世事难料，维吉尔，一路走好。

说回故事。我们在时装周，说实话，当时我需要这次旅行来放松头脑。那是在停摆的时候，我们刚刚在 2011 年总决赛里输给达拉斯独行侠队。

我第一个碰见的人就是坎耶。你在照片中没有看到的是，他当时拿着独行侠队的帽子！他看到我走过去，说："该死！"想把帽子藏起来。我们笑了，我搞得他有点不好意思，但这就是拍照时发生的。

坎耶给了我维吉尔的电话号码，说如果我要找他，就联系维吉尔。我说："嘿，我需要个理发师！"维吉尔就搞定了。我的摄影师鲍勃——这里的大部分照片都是他拍的——在电梯里遇见了维吉尔。维吉尔说："来房间，我们正在听新专辑。"

我们住在同一栋楼里，但我想的却是："伙计，我不要去楼上那个房间！"别忘了，我们是在巴黎，他们把音乐放得超级响。我知道如果上去的话，我们会在那儿待上一整晚，根本没机会倒时差。而鲍勃却说："伙计，干吗不去？！这可是坎耶！"提醒你一下，我俩都不知道他们在放的专辑是 *Watch the Throne*。如果他们告诉我："嘿，其中一首歌里有你的名字。你可能想来听听。"那我肯定会改变主意。不到 1 个月后，*Watch the Throne* 发布了，剩下的事你都知道了。

- 114 -

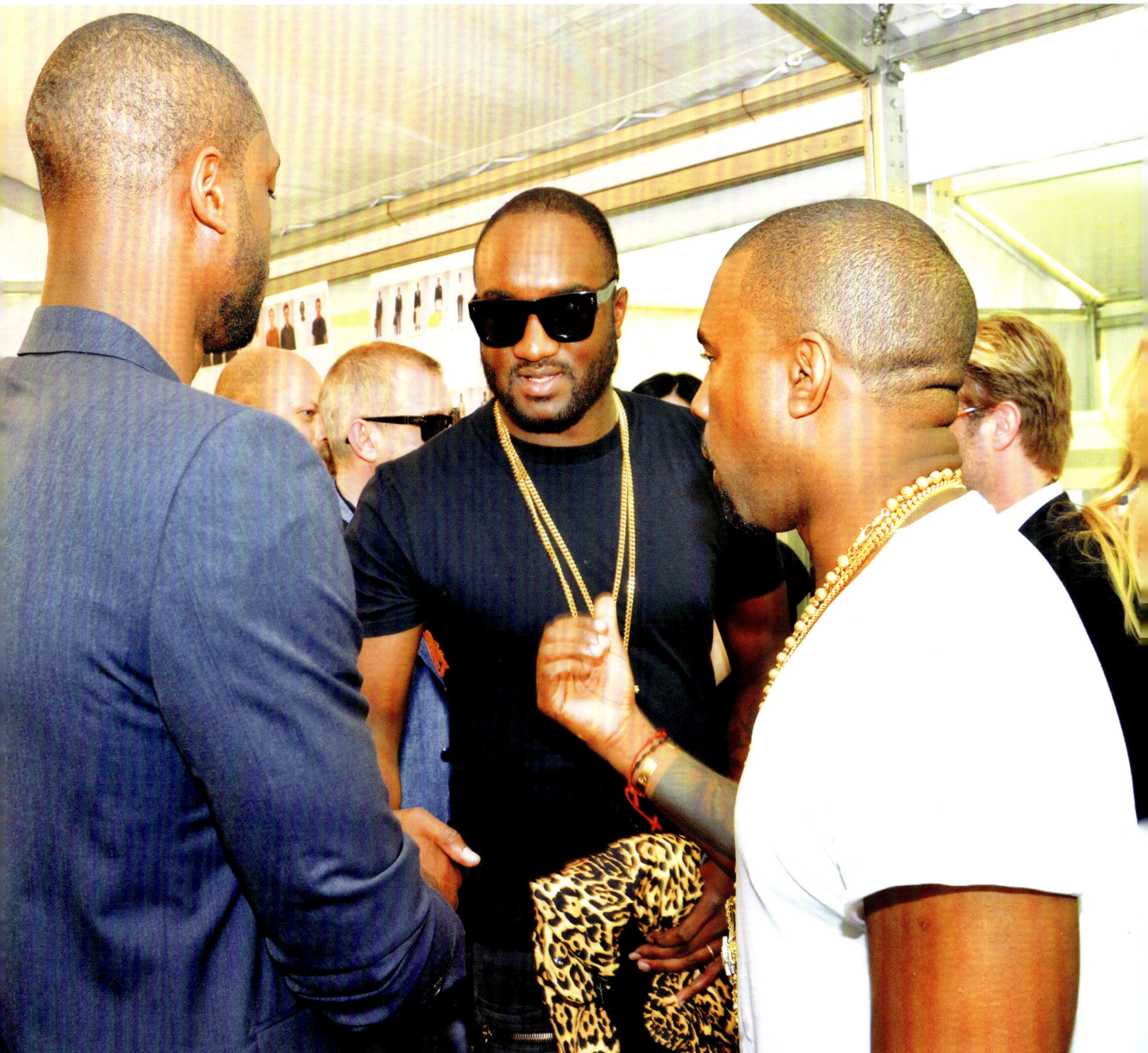

跟兄弟们在巴黎拍摄海报。

米兰时装周上，卡梅罗和我与真人版黑色詹姆斯·邦德在一起。

2011年夏天，卡梅罗和我去米兰参加时装周。一天，我们在乔治·阿玛尼时装秀上看到伊德里斯（Idris）。那天晚上，我、卡梅罗和整个团队安排了晚餐。卡梅罗叫伊德里斯到我们吃饭的地方坐坐，大家一起在那里度过了超酷的一晚。

我的 30 岁生日就像一场电影！他们搞得实在是太热闹了。一开始是生日早午餐，我所有的家人都来了。我最喜欢的歌曲之一是尤兰达·亚当斯（Yolanda Adams）的 *Open Up My Heart*。你猜怎么着？她也来了，用这首歌给我一个惊喜。最棒的部分是威利·梅·莫里斯（Willie Mae Morris），我的外婆。在此之前她从未坐过飞机！我想不出比这更好的生日了。8 年后的今天，我们仍然在谈论那个夜晚。

第二天晚上，我邀请了 30 位最亲密的亲友共进晚餐，然后在南海滩的 Setai 酒店举行了盛大的庆祝活动。我们吃得超好，开了许多酒，一整夜的派对——基本上就是你想要的那种庆祝生日的方式。我收到了一瓶 1982 年的唐培里侬香槟，一辆 2012 年的迈凯轮。瑞克·罗斯（Rick Ross），朗尼·拉希德·林恩（Common）和小克里福德·约瑟夫·哈里斯（T.I.）都做了表演。凯莉·罗兰（Kelly Rowland）为我唱了"生日快乐！"

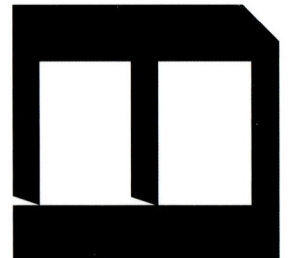

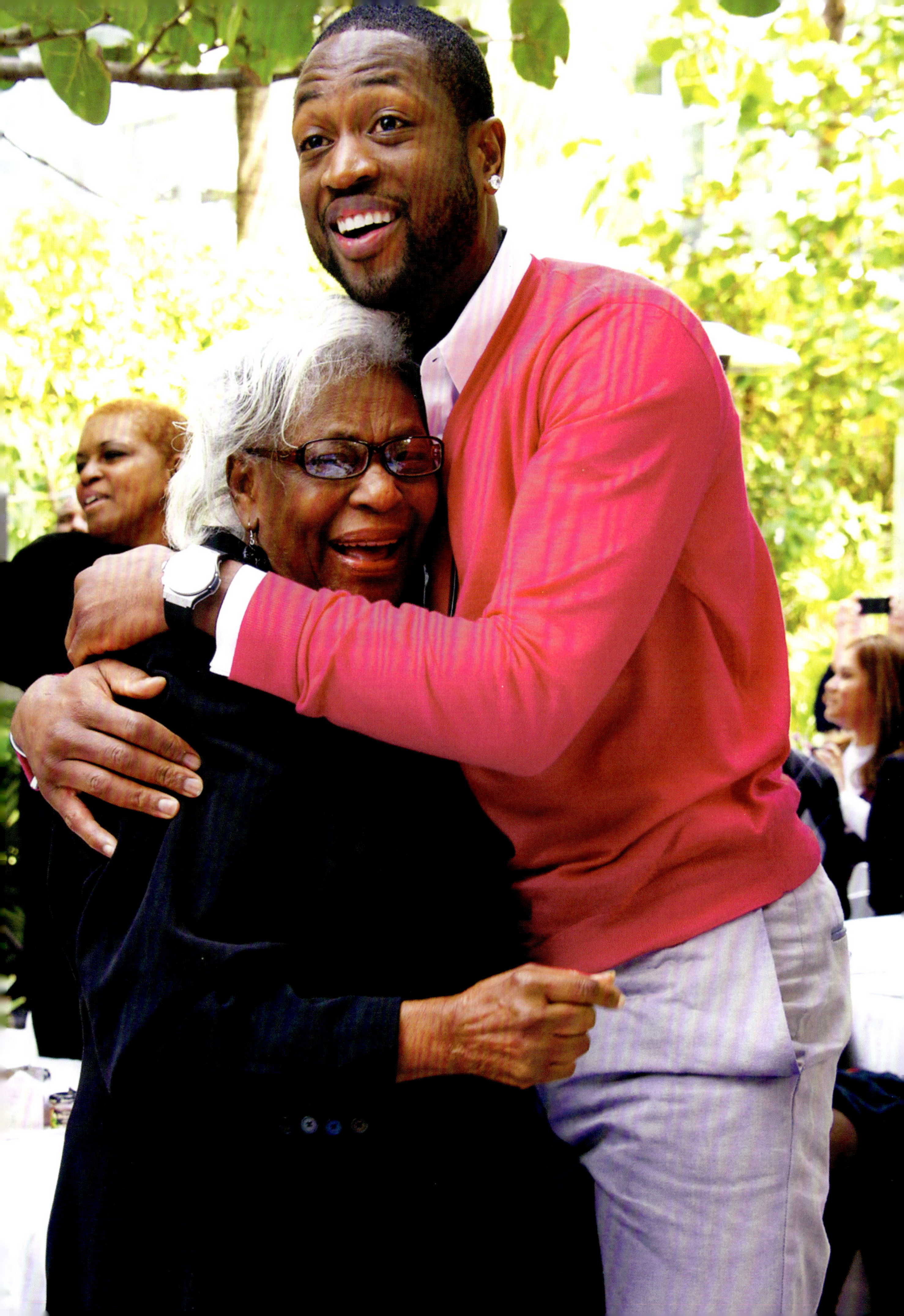

我的 30 岁生日有点太盛大了，所以 31 岁的时候我选择低调，跟几个朋友在游艇上放烟花，没什么太疯狂的。

31
岁生日

"韦德之道"游艇,没有一丝缺陷。

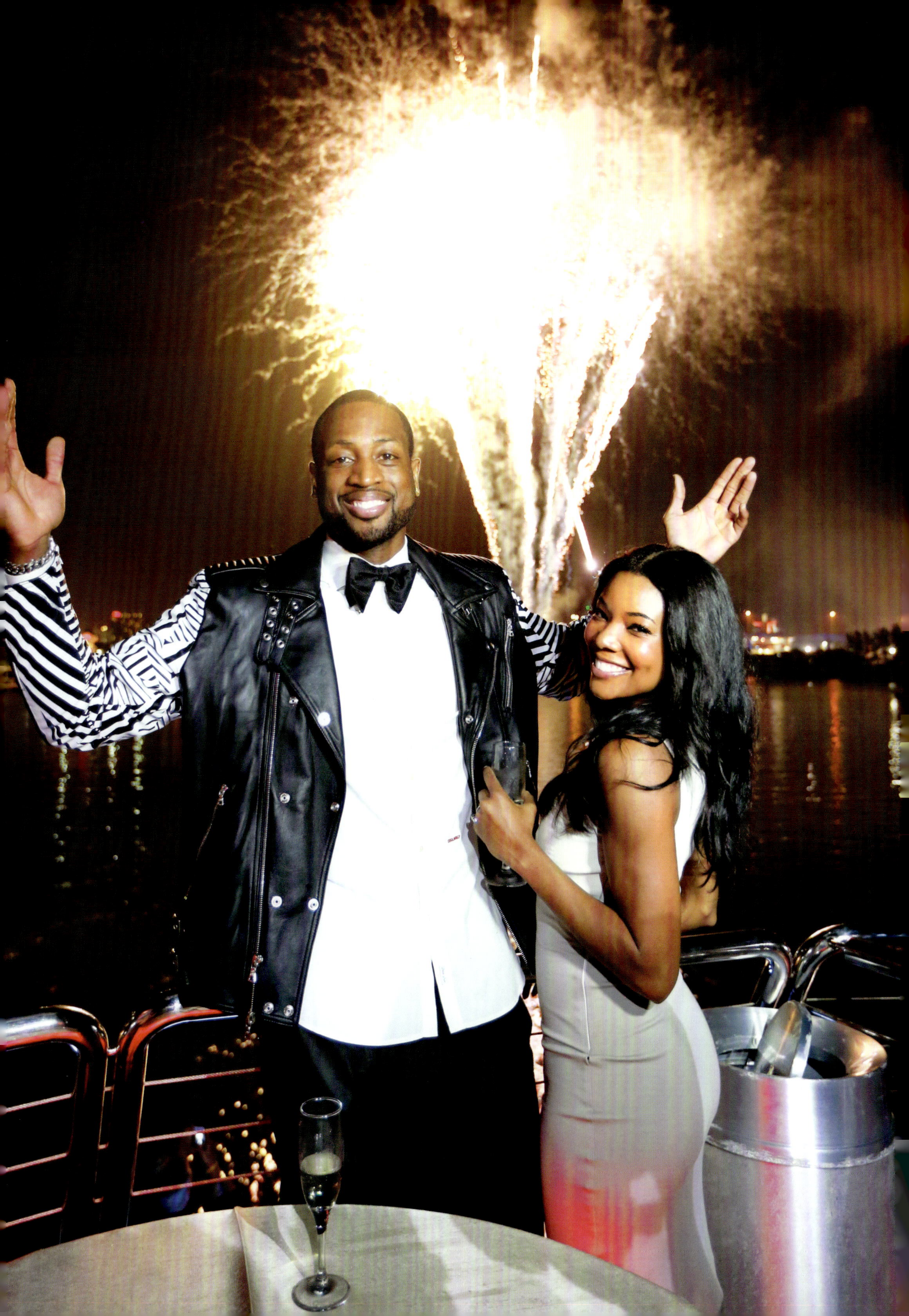

芝加哥

我全心全意地爱着我的城市，我发誓。但我不想在芝加哥庆祝 35 岁生日。记住，我的生日是 1 月 17 日，你可以猜猜那时芝加哥的天气是什么样的。另外，你知道让朋友们在寒冬离开迈阿密来芝加哥是有多疯狂吗？我还是希望生日能热闹一点呢。

但我的团队可以把不可能的事情变得容易些。就像 30 岁生日和每次庆祝活动一样，他们会投入很多精力和爱意，这一年也不例外。我们也不是只开个派对，这不是我们的方式，必须有一个主题。那一年的主题是"坏而时尚"（Bad and Bougie），大家吃着哈罗德炸鸡店的翅桶之类的食物。

上帝保佑我，在我生命中安排了这么多女人，愿上帝也保佑她们。这张图里，我被姐妹凯莎（Keisha）、特拉吉尔、迪安娜、老妈，还有加布包围着。还有我的姐夫。在我一生中，这些女人一直在保护我，相信我，爱我，让我觉得自己可以完成任何想要完成的事情。再多的钱也买不来真挚的爱，在这方面，我是世界上最富有的人。

芝加哥的元老崔斯塔（Twista）和 Do or Die 乐队的表演是一场惊喜。我在芝加哥听着他们的歌长大。你们有多少人听过 *Po Pimp*？

35

没有什么比跟家人团聚更好的了。我的兄弟德米特里厄斯和唐尼。

我跟公牛签约时，计划在周五的新闻发布会上向芝加哥重新介绍自己。但计划赶不上变化，这个"变化"就是Lollapalooza音乐节。没人知道我会出现。离开迈阿密并不容易，但当我走上舞台，听到观众们都激动得仿佛失去理智时，我知道自己做了正确的决定。回到故乡，面对这般热烈的欢迎，正是我所需要的。

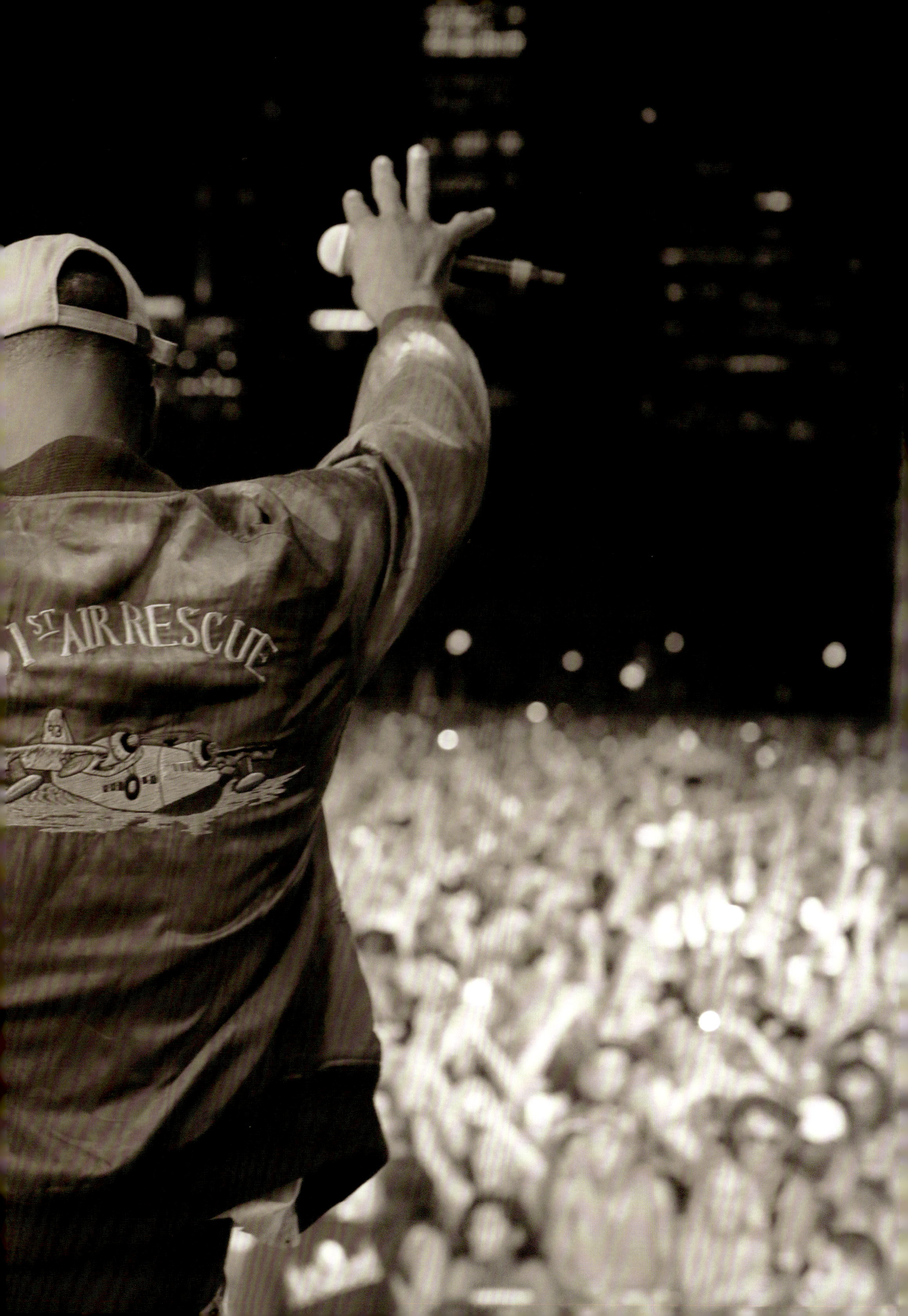
1ST AIR RESCUE
93

我经常提到"保佑"这个词，因为**我是幸运的。**

能和已故的斯图尔特·斯科特（Stuart Scott）共事是一种幸运。差不多 10 年前，我们在一个讨论体育产业的小组里。

斯图尔特让体育变得更好。他的时代落幕前，他让这段经历变得更加愉快，为每一项运动——不仅是篮球——发声。我们绝对需要他的声音。在当时，他们行业里这样的人并不多。作为球员，你希望斯图尔特提到你的高光时刻。这是一种地位的象征，就像名字被写进 Jay-Z 的歌里一样。这仿佛是在说："我做到了。"

我们在 2012 年赢得冠军时，斯图尔特和我们一起站在领奖台上，记录下了那个时刻，没有比这更好的了。斯图尔特的声音、魅力和表达方式一直伴着我成长。此刻，我和他一起站在山巅之上。

现在，我已经退役了，开始更多地忙于体育媒体行业，对斯图尔特也就有了更深的钦佩。这不是每天早上醒来就能随手完成的事情，而他看起来毫不费力，是因为非常地努力。这是他的长项。他专心致志地投入了多年的辛勤工作，只是为了在灯光打开、摄像机启动时能做好准备，这些都是外人永远看不到的。虽然这跟我们作为运动员所做的没有什么不同，但他总是像水一样冷静。

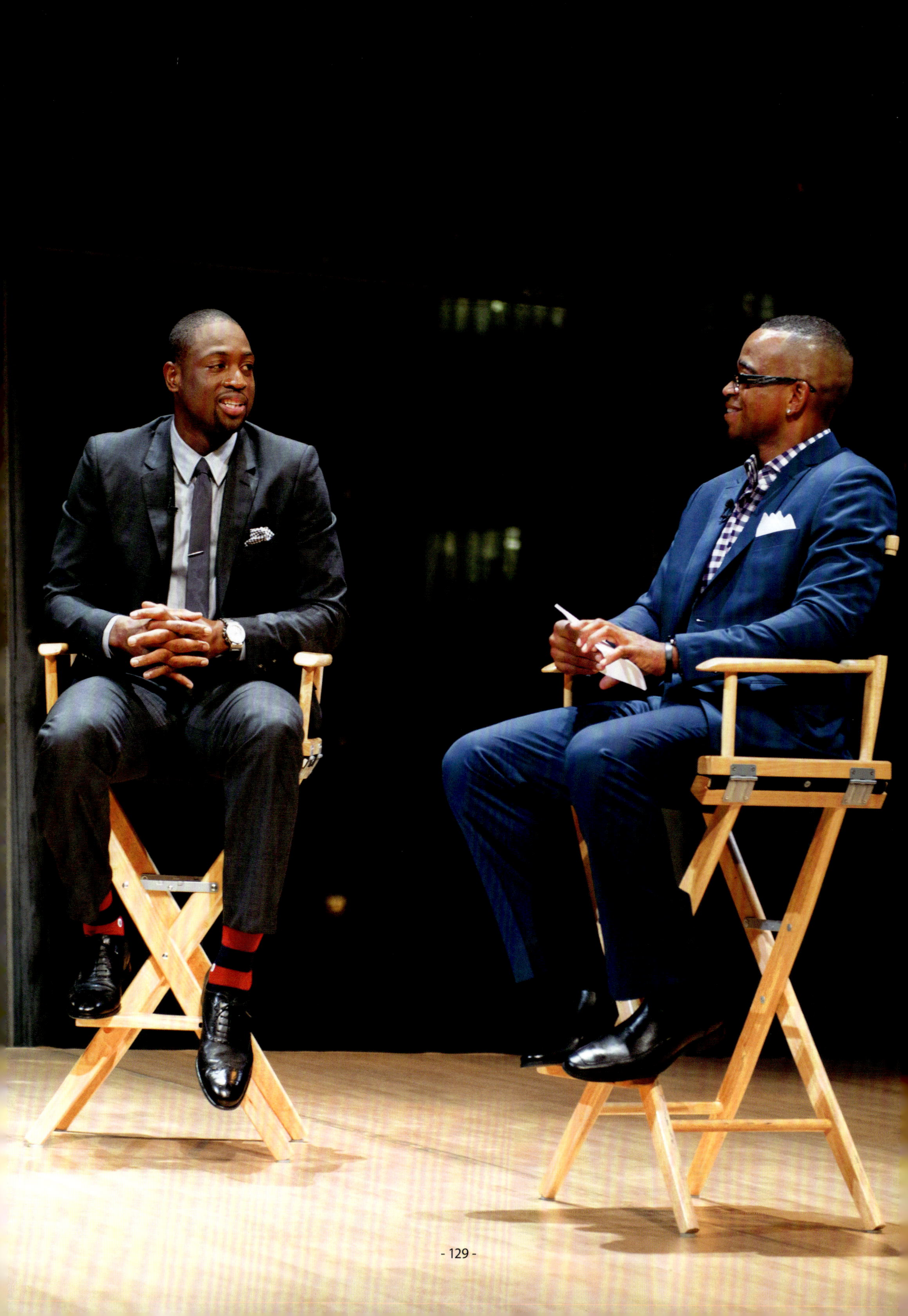

我 猜 自 己 也 是

这么多年下来，我感觉这群媒体人早已经成了我的同事。这很疯狂。我并不总是同意他们的观点，但我逐渐开始尊重他们中的大多数人，因为这份工作很不容易。

比如说蕾切尔·尼科尔斯。关键时刻的重大采访我总是让她来做，出于我对她的尊敬。作为球员，我们知道她会问一些紧要的问题，但更重要的是，她会认真细致地对待每一则报道。她做到了真正的职业，对得起这个词的各个方面。

在这里，我要向魔术师致敬，他是一个真正的偶像级人物。我还要称赞我的同事，芝加哥老乡迈克尔·威尔本（Michael Wilbon），他凭借平面媒体方面的工作获得了名人堂柯特·高迪媒体奖。希望我几年后能在斯普林菲尔德加入他和魔术师的行列。

媒体的一员了。

我想要在人们还在世的时候就告诉他们，他们对我有多重要，因为我知道人总有离开的时候。

杰克·拉姆齐博士是篮球专家中的篮球专家。听他谈论篮球是一件美妙的事情，因为那就是他的信仰。

人们认为NBA是个充满活力的联盟，因为球员们，这没错。但NBA也是个大家庭，而克雷格·塞杰就是那个你每次看到都觉得很开心的叔叔。如果说我们球员总是希望斯图尔特·斯科特能提到自己的高光时刻，那么，在一场大胜之后，我们就希望能接受克雷格的采访。他是一根行走的时尚标杆，也能带来一股巨大的情绪感染力。

奥普拉（Oprah）在 59 号大街和草原大道长大，后来搬去了伊利诺斯的罗宾斯。跟迈克尔·乔丹一样，她也是当地人日常生活的一部分，是这座城市的代名词。虽然我从没上过她的节目，但能让全家人跟她见面仍然是一个相当疯狂的时刻。看看老妈和老姐的笑容——那是真正的芝加哥风格。

ESPY 时刻

篮球让我们走到了一起，忠诚让我们团结在一起。这是在 ESPY 颁奖典礼的后台，我们刚刚在全世界注目下向运动员伙伴们发表了演讲。

这是我和卡梅罗、保罗、勒布朗登上 2016 年 ESPY 颁奖典礼的舞台之前。当时的美国发生了很多事情，奥尔顿·斯特林（Alton Sterling）和菲兰多·卡斯蒂尔（Philando Castile）在一周前被杀。

警察的暴行并不是什么新鲜事，尤其是在黑人和棕色人种社区。但黑人社区之外的人们终于开始关注这个问题了。奥斯卡·格兰特（Oscar Grant）、特雷文·马丁（Trayvon Martin）、迈克·布朗（Mike Brown）、塔米尔·赖斯（Tamir Rice）、塔尼莎·安德森（Tanisha Anderson）、桑德拉·布兰德（Sandra Bland）、埃里克·加纳（Eric Garner）、弗雷迪·格雷（Freddie Gray）和沃尔特·斯科特（Walter Scott）。还有 2020 年的阿莫德·阿伯里（Ahmaud Arbery）、布伦娜·泰勒（Breonna Taylor）和乔治·弗洛伊德（George Floyd）。表达比篮球更重要，如果这些人曾在比赛中支持我们，那么为他们发声就是我们的责任。对我们来说，重点始终在于站在历史的正确一边。我们知道自己该做什么。

巴尔的摩和弗格森的骚乱，以及"说出她的名字（#SayHerName）"运动，都对我们产生了深远的影响。那是在奥尔顿·斯特林和菲兰多·卡斯蒂尔死后不久。我们还记得特雷文的判决结果出来时的感受，因为那也可能发生在我们的孩子身上。再多的全明星赛、总冠军或者奥运金牌，都不能让我们忘记那种愤怒和无助感。

如果我们拥有平台却不能正确利用，那就没有任何意义。

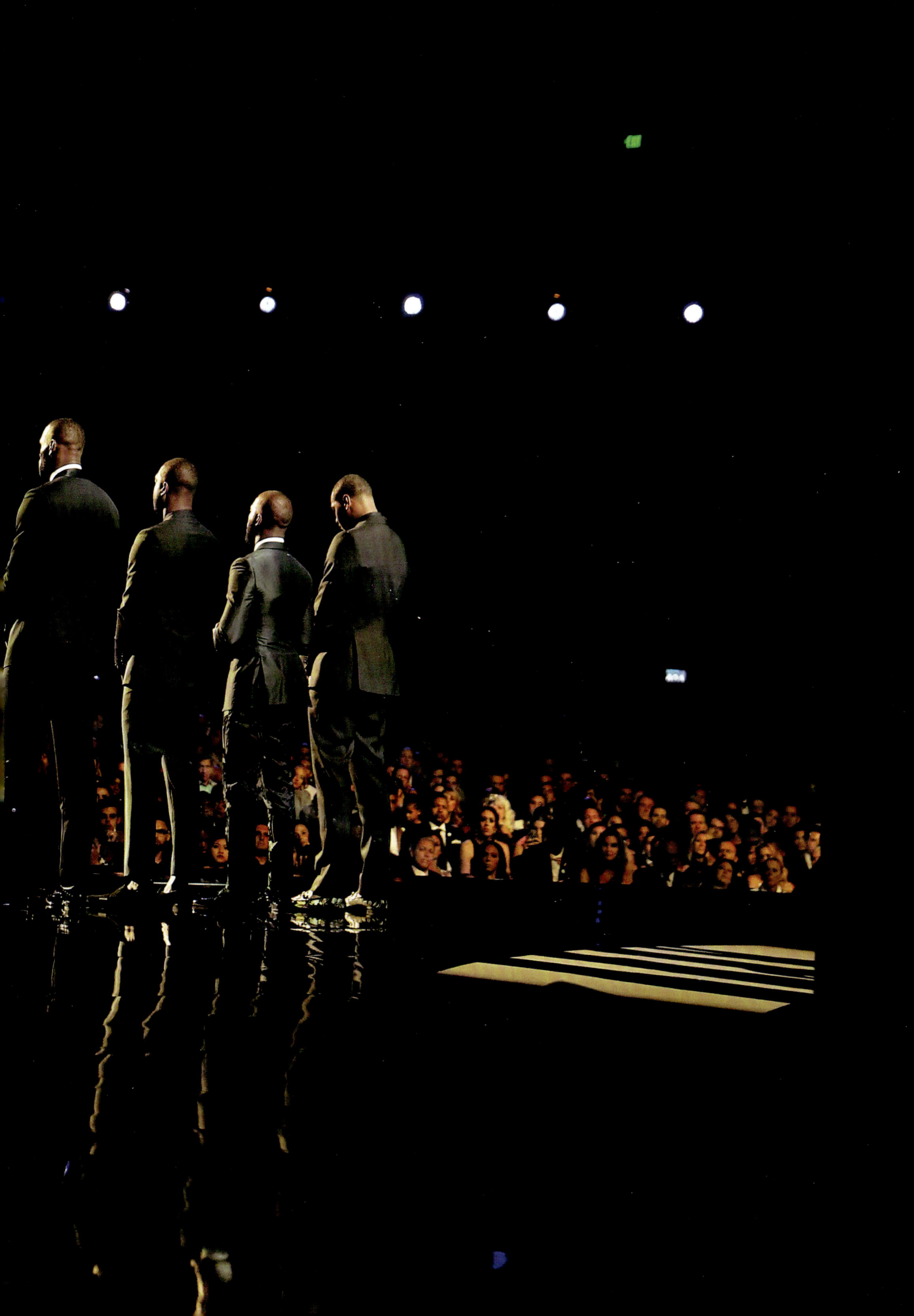

凯文·哈特（Kevin Hart）这家伙就是控制不住自己，而我会一直给他叫好。只要凯文在，我总是笑个不停。当然，除了2018年季后赛在费城的那一次，他在场边狂喷垃圾话，我不得不叫他闭上臭嘴。

兄弟

情谊

照片拍摄于2017年11月克利夫兰骑士队对阵休斯敦火箭队的比赛日。保罗身着紫色夹克，勒布朗戴了帽子。那段时间发生了很多事，关系到我们大家。照片里没有安东尼，但他和我与勒布朗是在2003年一起进入NBA的，克里斯在两年后被选中，我们在联盟里一起长大。我最骄傲的一件事就是，我们始终都在支持着对方，在最骄傲和最失落的时刻，我们总是拥有彼此。

笑是强大的力量

补充一句，你知道这张照片里的人在NBA得到了116000分吧？

我们总能让对方开怀大笑。
喜欢和兄弟们待在一起。
就这么简单。

这种兄弟情谊贯穿整个联盟。我们是竞争对手,每次踏上球场都想取胜。但最重要的是,我们知道自己是多么幸运,可以以打球为职业,影响数百万人,并在这个过程中为改变世界尽一份力。

2015 年纽约 NBA 选秀抽签,第一次跟新生代相遇。我差不多也就是在这时候意识到自己是个元老,而不再是那个小男孩了!

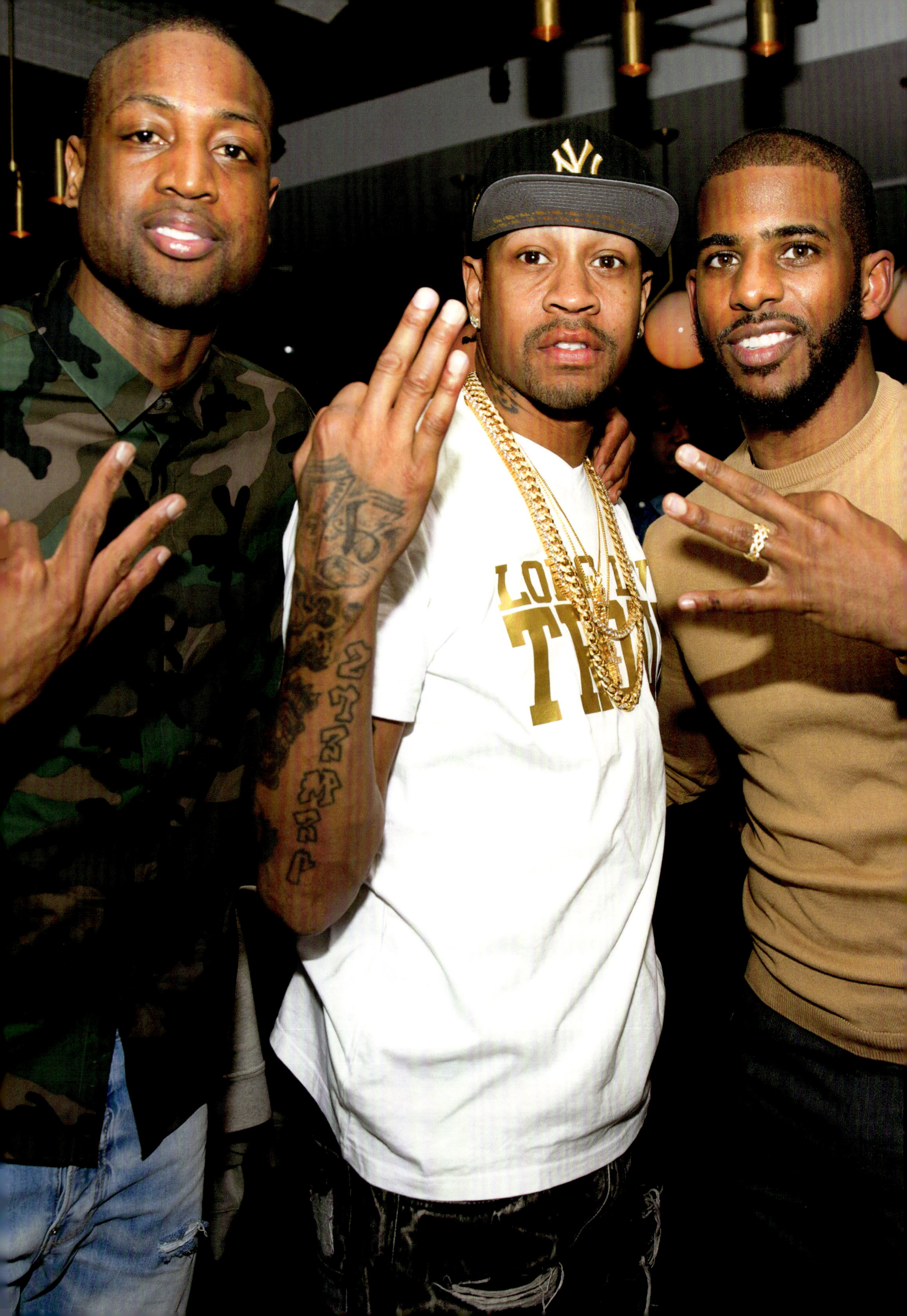

好吧，我在这个问题上可能有一丁点偏见，我总是会说 2003 届的选秀是最强的，但 1996 届也很特别。那年有很多有头有脸的家伙进入联盟：马库斯·坎比（Marcus Camby）、谢里夫·阿卜杜勒 - 拉希姆（Shareef Abdur-Rahim）、斯蒂芬·马布里（Stephon Marbury）、雷·阿伦（Ray Allen）、史蒂夫·纳什（Steve Nash）、安托万·沃克（Antoine Walker）、杰梅因·奥尼尔（Jermaine O'Neal）、佩贾·斯托亚科维奇（Peja Stojaković）……

你们已经知道我对科比的感觉了，但我必须给阿伦·艾弗森以同样多的爱和尊重。

我们都喜欢待在"答案"身边。他就像是一个真人版的超级英雄。

所有人都知道他经历过的高潮和低谷，但他仍然在这里讲述自己的故事——他改变了篮球，也改变了我的人生。

随机时刻

杰米·福克斯（Jamie Foxx）是我这辈子见过的最有才的艺人，也是我最喜欢的人之一。他毫无争议地当选了我在迈阿密举办的范特西夏令营的全票 MVP。这是给 35 岁以上自认为会打球的人举办的比赛。本已经很荒谬了，再加进来杰米这样的人，那就更神奇了，我当时居然没笑晕过去！

这不是我第一次见到迈克了。但每次在他身边，你都会心想："哥们儿，这可是迈克尔·乔丹！"跟我年纪差不多的人小时候都以迈克尔为偶像，但我们芝加哥的孩子尤其不同。我们吃 Wheaties 麦片，喝佳得乐饮料——有些人可能两样都占——如果这是成为迈克尔·乔丹所必须做的，那么，该死的，还有什么可犹豫的呢？

在芝加哥长大的时候，我们晚上都在 WGN 电视台看迈克尔的比赛，然后

第二天早上去球场尝试他前一天晚上做的各种新动作。

这张照片背后
有个有趣的故事。

我当时非常兴奋,因为这是我第一次到洋基体育场去。更棒的是,那天我们跟尼克斯的比赛是在下午进行,我们战胜了他们,我拿到28分和9个篮板。比赛早早结束,我有足够的时间去布朗克斯区看洋基队的比赛。蒂姆·蒂博(Tim Tebow)刚刚被交易到纽约喷气机队——那晚我俩都被嘘了。纽约体育迷万岁!

强者之间、赢家之间，总会惺惺相惜。这是我与F1传奇刘易斯·汉密尔顿（Lewis Hamilton）在2015年纽约时装周上的照片。一年后，我和克里斯·波什带着我们的太太去欧洲度假，甚至用了标签#boshwadesummer16来记录这段经历。我们在欧洲最激动人心的时刻之一就包括了目睹刘易斯赢下摩纳哥站比赛。

看看这时候的斯蒂芬和威斯布鲁克有多年轻。这是他们还没成为联盟 MVP 的时候。

斯蒂芬、勒布朗和我是三个真正改变了篮球面貌的人，无论是在比赛方式上，还是在人们现在所说的"球员赋权"上。我猜那时候没人想得到，在我们的迈阿密时代结束后，会是斯蒂芬·库里领衔的金州勇士队在湾区崛起。这是斯蒂芬成为"斯蒂芬"之前的样子。我记得勒布朗和我在打趣说，他为什么要像那天晚上一样狂揍我们的控卫马里奥·查尔莫斯（Mario Chalmers）？如果我说自己从没想过"如果那样会如何"的可能性，那一定是在骗人。假设巅峰迈阿密热火队对上巅峰金州勇士队会怎样呢？那一定值得写好几本书。

迈阿密的夜

这张照片里有那么多故事……2013 年通过抢七战击败马刺后，我们度过了一个漫长的夜晚。这么说吧，这张照片上你看到的每个人，甚至那些你没看到的人，那天都没怎么睡觉。"故事"俱乐部那晚赚了 100 万美元。德雷克（Drake）显然想进我们的更衣室庆祝，但被拒绝了。你怎么能拒绝德雷克！于是他整晚都跟我们在一起狂欢。我现在仿佛还能看到俱乐部里一瓶瓶的唐培里侬香槟，品到披萨的味道。向 Big Pink 餐厅致敬！弗伦奇·蒙塔纳（French Montana）的那首《不要烦恼》如今犹在我耳畔，因为那一刻我没有一丝烦恼，我们每个人都没有。

2013 年后的总冠军派对：南海滩，"故事"俱乐部。如果你没在那儿的 VIP 餐厅吃掉一整块披萨，就不算真正活过。

迈阿密用全身心来拥抱我——南海滩，市中心……在迈阿密的任何地方，我都能享受到这种爱意。在联盟的最后一个赛季，我做了一些以前从没做过的事情，包括跟里克·罗斯（Rick Ross）一起在录音棚里录了一首赞颂这座城市的歌。罗斯说，《季票持有人》的录制过程不会有任何压力。确实如此，我就这么走进小房间，完成我的段落。我不紧张，但跟最伟大的说唱歌手之一待在同一个录音棚里对我来说是个重大时刻。

我知道，每当人们讨论起迈阿密的文化时，我的名字永远会是谈话的一部分。这件事对我来说很重要。我不只是在那里打球，我还生活在那里，跟那里的社区交流。当我油箱里什么都没有的时候，他们会在夜里载我回家。作为回报，我把一切都给了这座城市，直到最后一刻。

305 城

305 城总是展示对我的爱，这张照片也不例外。当时我们正在进行迈阿密每月一度的"临界质量（Critical Mass）"骑行活动。我一直很喜欢参与这些活动，因为这给了我一种非常真实的方式去触摸这座城市。

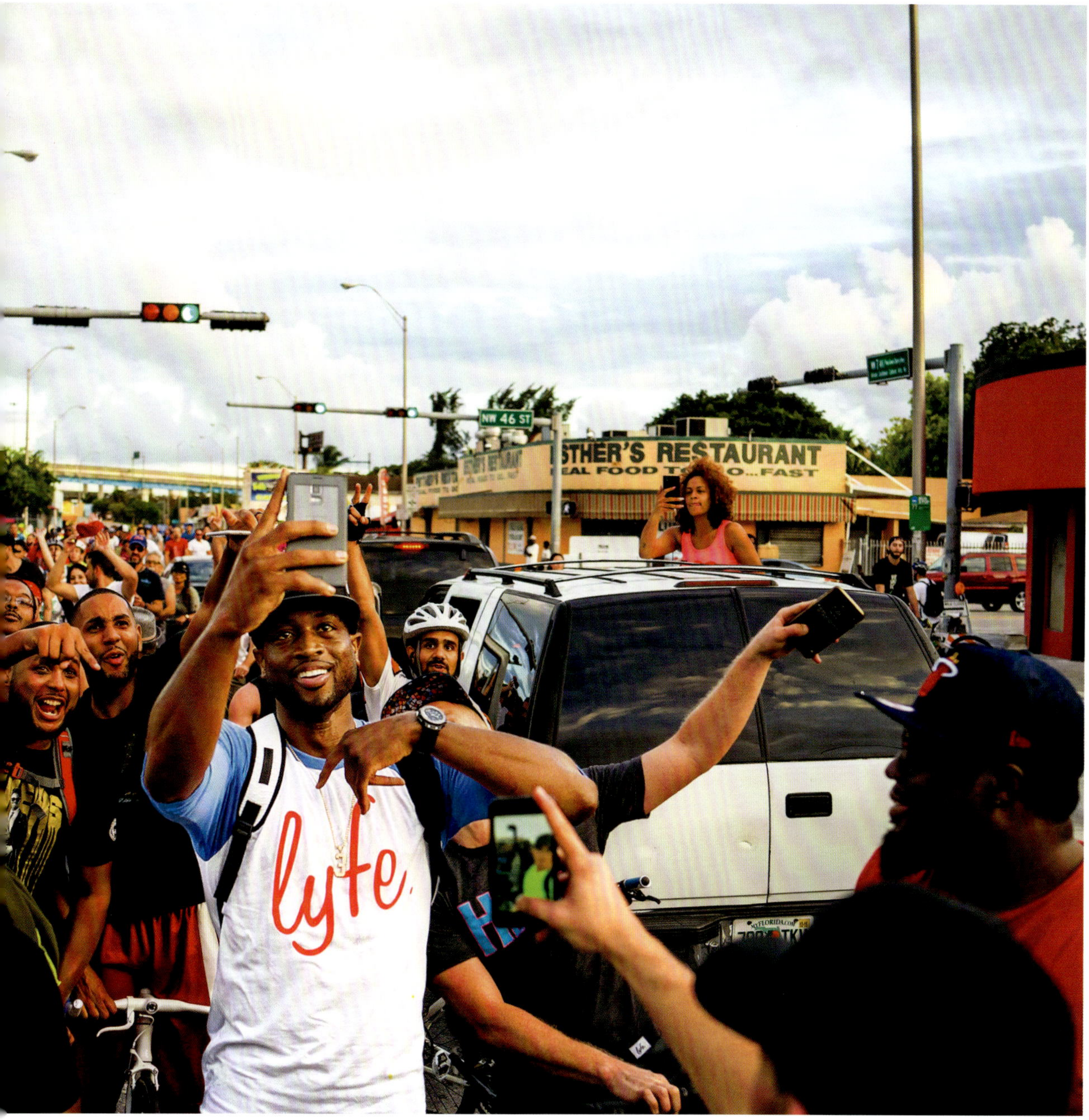

NW 46 ST
STHER'S RESTAURANT
lyfe.

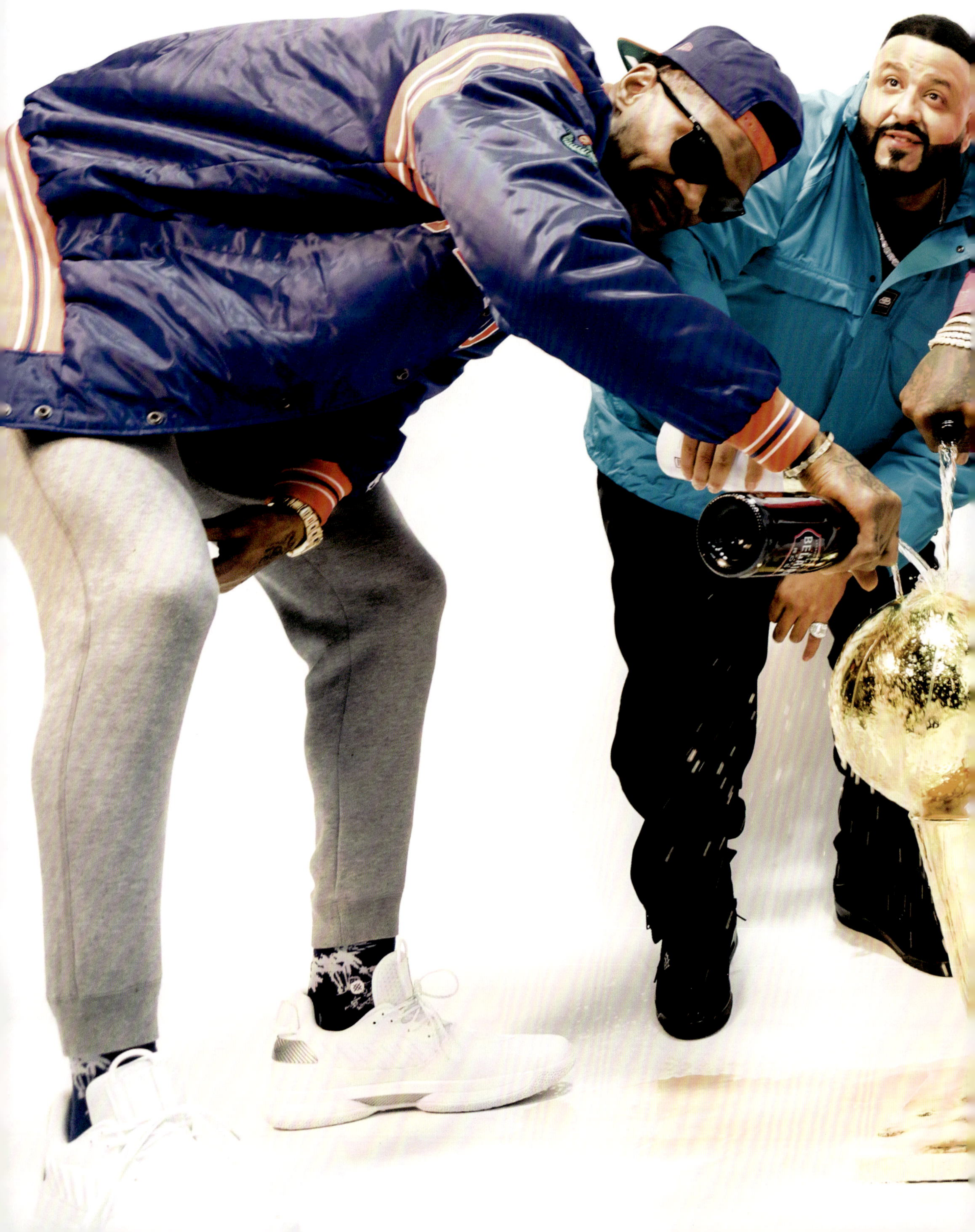

乌多尼斯·哈斯勒姆（Udonis Haslem）、DJ 哈立德（Khaled）、罗斯和我在《季票持有人》的 MV 拍摄现场。

我进入联盟后，科比就是标杆。他是我们都渴望成为的运动员。即使退役后，他仍然是我仰望的人，因为他如此优雅和轻松地进入了人生的下个篇章。追求职业生涯下一阶段的科比看起来很开心，而作为顾家男人的科比又是如此平和。生活中没有科比，感觉并不真实，不知道是否有一天这感觉会变得真实，更不知道如何能够让它变得真实。

科比

要为这么一个对很多人来说意义重大的人写一段合适的话，是我一生中最大的难题之一。

每次跟他一起踏上球场，我都知道8号（后来是24号）会付出全力。这家伙没有关机键——这是我能给出的最高赞誉之一。我还清楚地记得2016年多伦多全明星赛，那仿佛就在昨天。我们都想在他的最后一个全明星周末向他致敬。我现在还记得科比走进更衣室时的情景，他的笑声还在我脑海中回荡。那天，科比在赛前投篮训练里跟扎伊尔一起玩了一会儿。我还记得扎伊尔跟他站在同一块球场上时是多么敬畏。我当时对扎伊尔说："你最好好好享受你的科比时刻！"

让我痛苦的是，所有的科比时刻都已经成为过去。我曾希望能有更多，光是用过去时提到他就让我感到难受。我们本应该变成坐在球场边的老家伙，就像比尔·拉塞尔那样，一起参加全明星周末，看着新生代开辟他们的道路。

安息吧,阿豆。好兄弟,我想你,但我更爱你。

THIRD QUARTER
第三节

现在是你做出宣言的时候

中场休息回来后的表现总能为比赛的后半段奠定基调。把前 24 分钟发生的一切都抛开，我必须重新打起精神，更加努力。如果我在上半场传传球，投投篮，那你最好相信下半场的我会攻击篮筐。我就是永远都不会让任何人猜到我在场上要做什么。

我在每件事上都保持着同样的热情。这话我之前就说过，说了 100 万次了。我此生全心全意地爱着篮球，它赋予了我灵魂的一部分。但我也尽量不让自己完全由篮球来定义。对我来说，幸福从来都不只有一个来源。我有幸接触到来自各行各业各式各样的人，并以不同的方式——与我是否是联盟得分王、东部冠军无关——影响他们。我为自己是德维恩·韦德，三届 NBA 总冠军、奥运会金牌得主而骄傲。但我不仅仅是这样。

我同时也是德维恩·韦德，一个在持之以恒竭尽全力成为自己所能成为的最好的父亲、丈夫、商人和团队领袖的人。我们的身份并不仅仅取决于我们的职场头衔。相反，我们的身份取决于我们在生命的每一天努力希望成为什么样的人。这个过程在比赛结束后也不会停止。

韦德之队

汉克为我的生意始终能顺利进行保驾护航。他在我生活中安排好正确的人，以确保即使没有他，我也能在商业上取得成功。丽莎·约瑟夫·梅特勒斯（Lisa Joseph Metelus）就是其中之一。

丽莎关心我和我的家人，就像关心她自己的家人一样，因为现在我们就是一家人。充满激情，敢于质疑他人以获得我们需要的问题答案，这样的人正是我所渴求的。我当时还是个害羞的年轻人，而生意场上可容不下胆怯或犹豫。如果你不注意，那个世界就会将你生吞活剥。丽莎来唱黑脸，这是我所需要的，但我也在观察她做生意的过程中学到了很多。

汉克和丽莎在我身上发现了巨大的潜能，在我自己都还没察觉的时候。我的总冠军奖杯同样也属于他们。

让我重复一遍：你能走多远，取决于你身边的人走多远。

2009年，汉克加入了创新艺人经纪公司（CAA体育），于是我们跟迈克尔·莱文（Michael Levine）和劳埃德·弗里斯彻（Lloyd Frischer）开始合作……剩下的你都知道了。我们一起赢，一起输。但还是赢的时候比较多。

在我的人生中，没有多少事情比认识亨利·托马斯更幸运。2018年汉克的逝世对我造成了很大打击，但我知道他希望我继续成长。永远不要让生命中的一章来定义自己，始终前进——他信奉这一点。汉克有个孩子跟我差不多年纪，因此他知道，尽管我是个高位秀，赚了那么多钱，成为联盟明星，但我仍然需要一个真正关心德维恩·韦德是谁的人在身边。谢谢你，汉克。

汉克的愿望是确保我的职业生涯结束时能留下一笔精神财富影响后人。

年纪轻轻就进入NBA是一种不那么容易承受的幸运。我们努力了一辈子才来到这里，每天"24小时"都在打篮球。但当你进入联盟后，篮球只是历程中的一部分。你要学会处理其中的微妙平衡：你赢得的新生活，大把的钞票，还有那些你觉得理所应当的外部力量……当然，这些都还是社交媒体出现之前的事情。

在NBA，很容易就会成为一个匆匆过客，而不是取得成功。回到我刚进入联盟时所说的话：如果没有正确的人在身边，你很难发挥全部的潜能，甚至完全发挥不了。而我是一个幸运儿。

他对生活有深刻的理解，比如如何处理各种情况，如何待人。他让我明白人不可能完全避免错误，重要的是能从中学到什么。

一些我最辉煌的时刻，从场内到场外，汉克都在我身边与我一同庆祝。我很难过不能再跟他分享这些事情了：卡维亚（Kaavia）的出生，扎亚（Zaya）加入了唱诗班，扎伊尔和达维恩（Dahveon）长成了什么样的男人——因为汉克分享给我很多当父亲的经验。汉克走了，我灵魂的一部分也跟着走了。

我愿意付出一切，只要能再拥抱你一次。爱你，汉克。

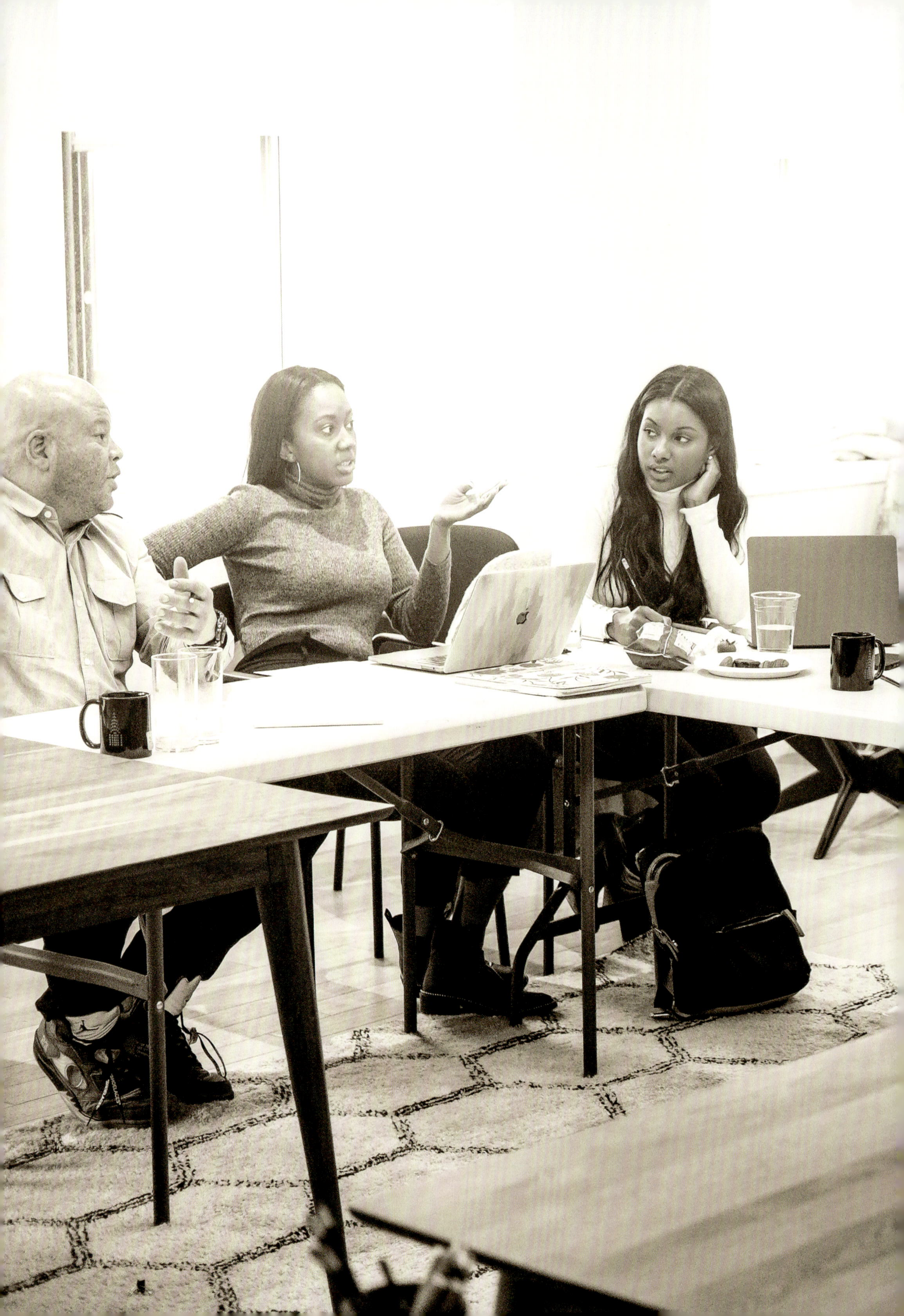

在 CAA 纽约办公室制定战略。我总是跟汉克说，我需要一个团队在身边。搞不清楚为什么，但我知道自己想要。作为团队体育项目的运动员，我明白个人成功永远不如团队成功更重要。我明白，要想在商业上取得成功，就需要把不同的人正确地组合在身边——韦德之队就是这么来的。

韦德之队还在继续制订精彩的活动计划！这一场是芝加哥"Run Wade 之夜"——我们的年度时尚筹款活动。我们在庆祝，因为活动办完了，非常之成功。

在人生中，我们会遇到很多人，其中大多数是过客。但时不时会有一些人，我们能一眼看出他们与众不同。一开始我们不知道这是好是坏，只知道他们不一样。我第一次在纽约碰到卡丽安·巴内特（Calyann Barnett）就是这样。2000年代中期，大卫·斯特恩（David Stern）在NBA实施了着装令。那完全不公平，但当时在奥本山宫殿事件后确实存在对NBA球员的偏见。我们把着装令视为一种挑战，所以我在遵守的同时开始寻找造型师。在初遇卡丽安的时候，我有在请别人来给我搭衣服。老实说，我并不是一开始就跟她合拍。但她非常执着地想让我遵循她的指导。

她帮助我成为NBA新潮流的开拓者之一。她让我尝试最新风格，参加巴黎和纽约的时装秀，设计系列袜子。她彻底改变了我作为一名运动员对时尚的理解，改变了我看待新潮事物的方式。

我很高兴认识这么一个人，可以创造性地理解我的想法，不断地帮我把界限再推远一点，走出舒适区。舒适可不利于成长。

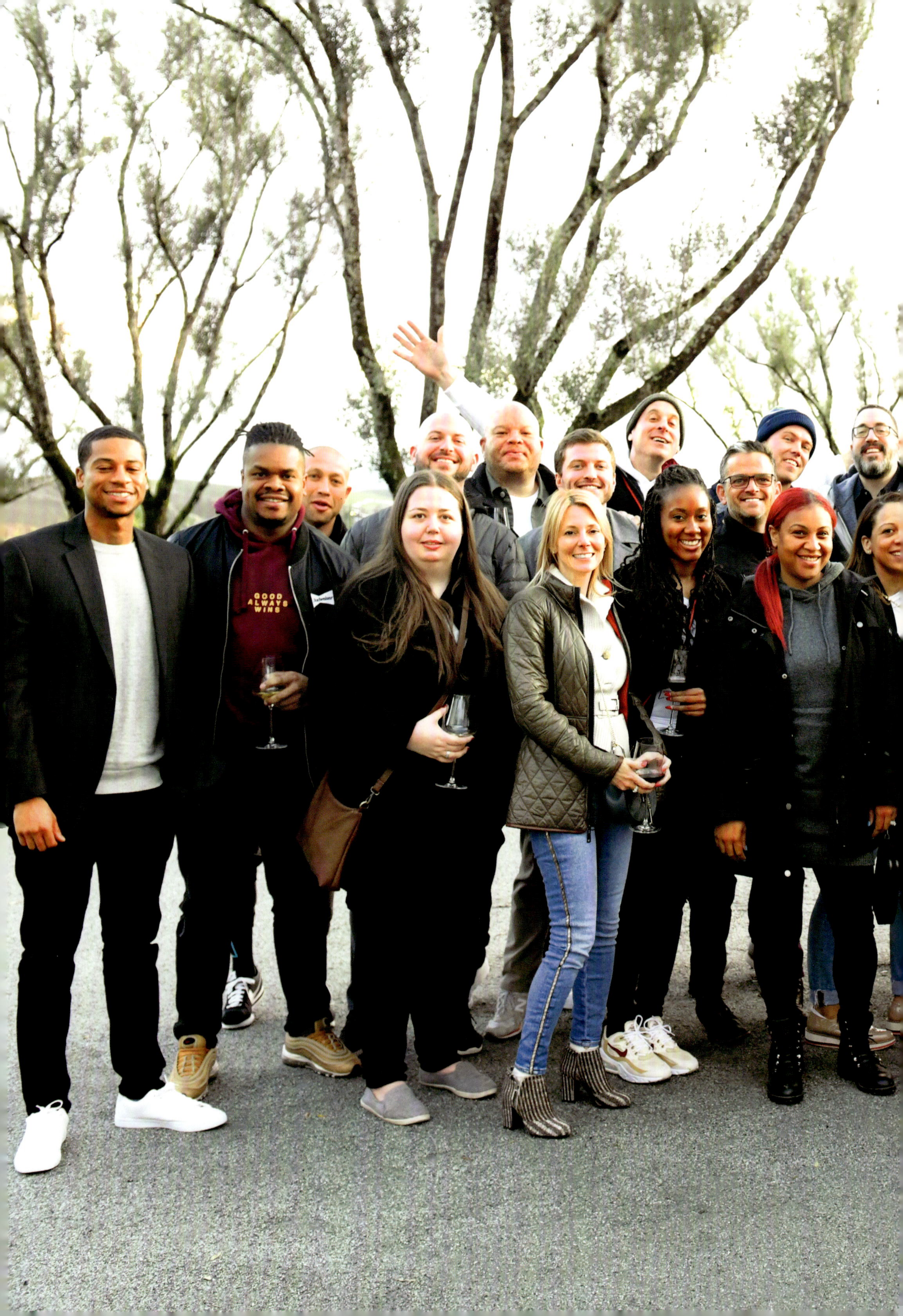
GOOD
ALWAYS
WINS

韦德品牌峰会。过去 11 年里，我每年都会开一次峰会，召集所有伙伴，分享战略计划和最新情况。当你跟多个品牌合作时，重要的是让所有人怀揣共同的目标和价值观。最重要的是，为了能让事情顺利，我们都必须交流各自的想法和主意。我的生意都归功于我的团队，我可以对自己退役后的生活充满信心和活力，都是他们努力的结果。

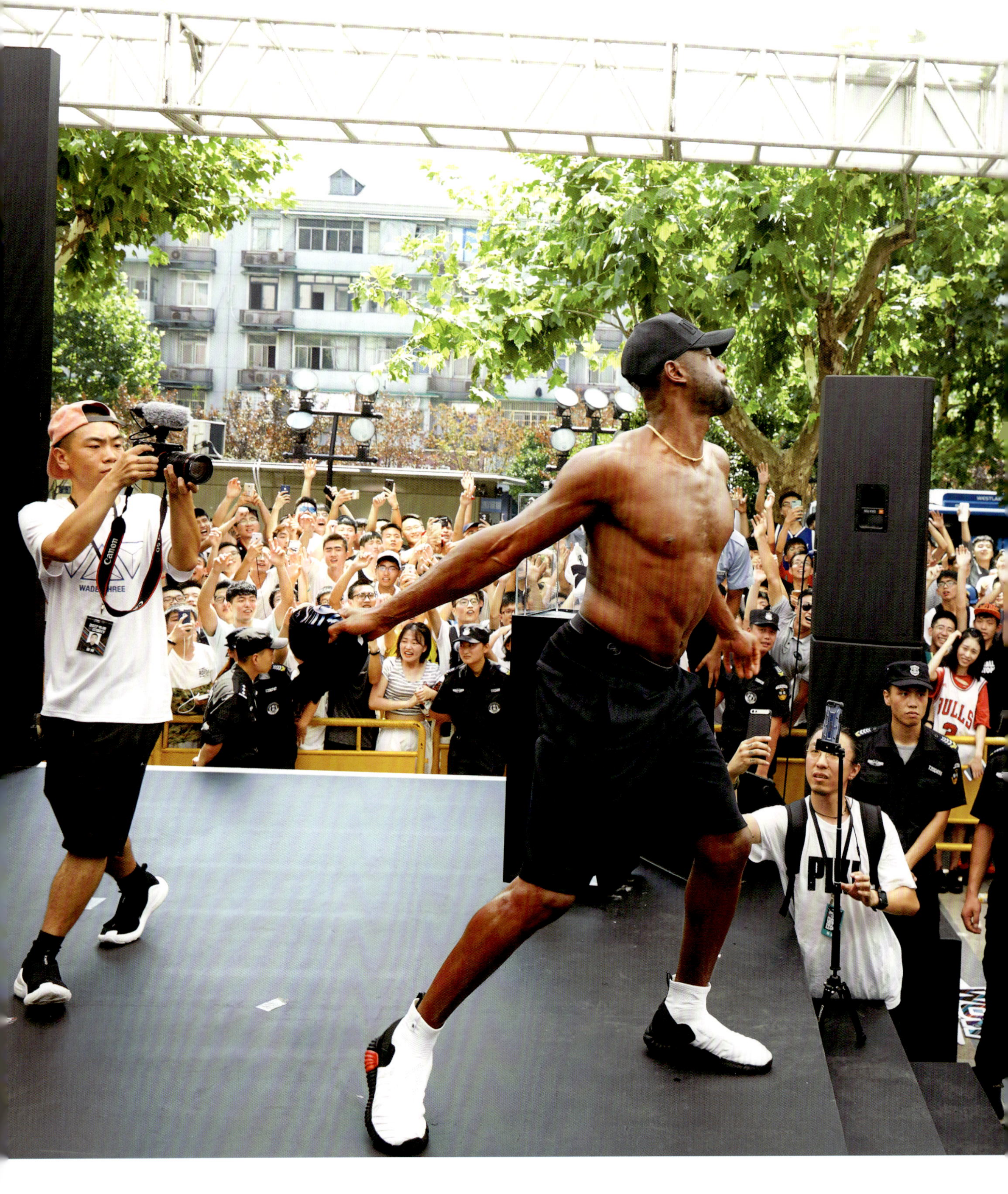
Canon
BULLS

中国

人们说的话我都有听到：说跟李宁签约是个糟糕的决定；说我会有多后悔；不明白我为什么会想要离开乔丹品牌，转投一家很多人闻所未闻的球鞋公司。但如果我只在意别人高不高兴，那我的人生可不会像现在这样。2012年，我想要一场新的奇遇，这带着我穿越了整个世界。

从小到大，我从来没想过自己的姓氏会在中国被人熟知，更不会想到会拥有中国球迷的爱。漂洋过海来到这里，我认为这完全改变了游戏规则。甚至当我和品牌商签完协议的时候，我和团队都还在互相看着对方，好像在说："我们真的要这么干吗？"快进到今天，很多人都来找我，想跟我们的品牌谈生意，这恰好印证了我当时决定的正确性。

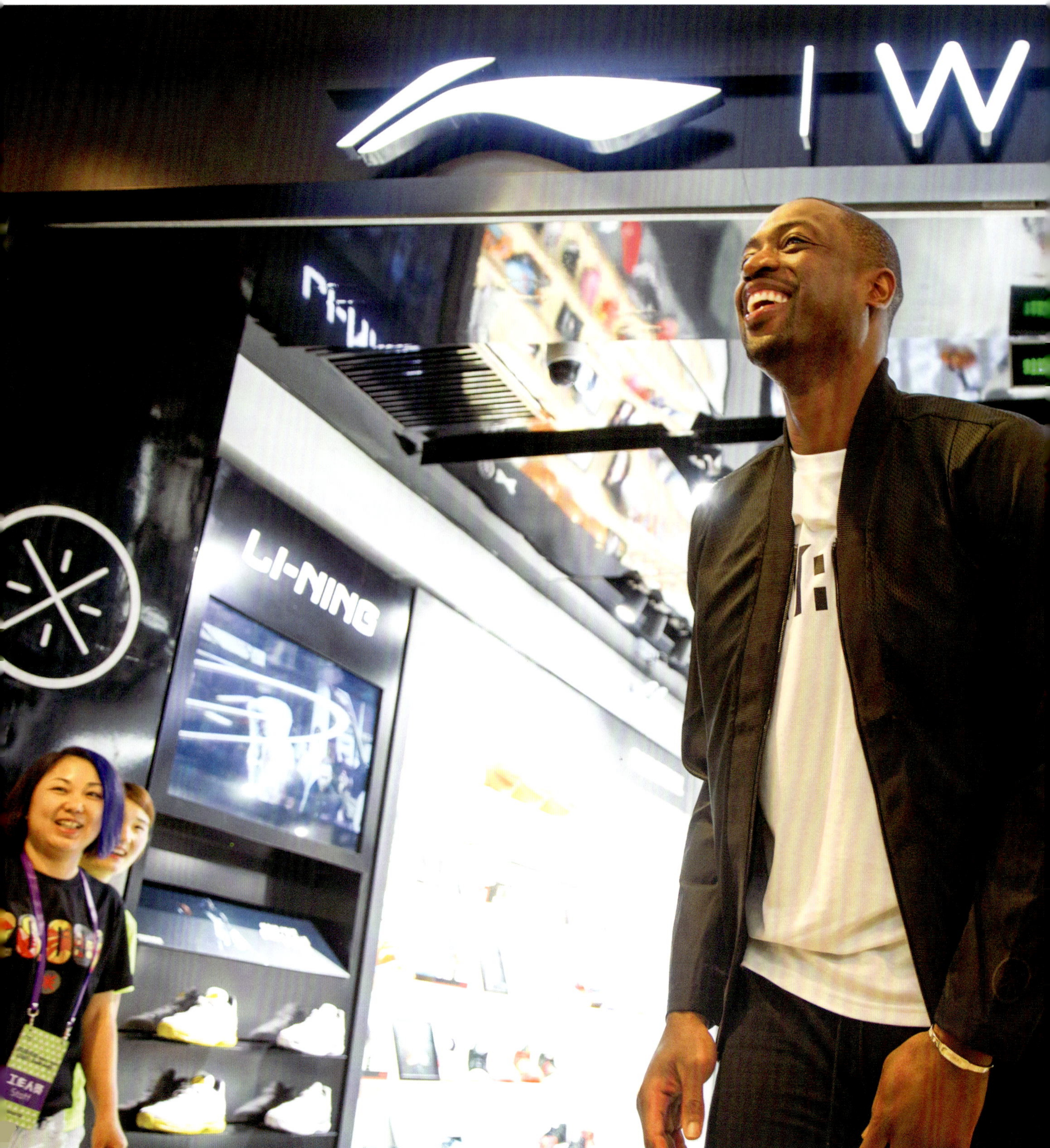
LI-NING

在 59 号大街和草原大道路口长大,飞到世界的另一边,看到一整间专属于你自己的门店,你还能有别的反应吗?

这个少年来自芝加哥，以前从没坐过飞机，我们带他去中国参加我的商务会议。这是我们韦德家庭基金会"聚焦"项目的一部分。我们不仅表彰年轻人在学校和社区取得的成就，还努力让他们可以亲身体验自己梦想的领域。楚布卡想成为球鞋设计师——他不只是坐着听我们的设计会议，也在其中发言。

再来聊聊我的老弟，D-Lo！我们在一起做重要的事情。发现"韦德之道"有机会签下德安吉洛·拉塞尔——联盟中我最喜欢的年轻球员之一——的时候，我知道必须要这么做了。"不惜一切代价"，我当时是这么说的。事实上，我们都没怎么给他"安利"。德安吉洛清楚成为一家全球品牌门面人物的机会正摆在面前，正如 7 年前的我。我不仅为 D-Lo 感到高兴，也为这么一个传承的时刻而开心。

从鞋子到休闲装，再到正式礼服，所有写着我名字的东西，我都支持，因为这些东西我要么在日常生活中用过，要么现在还在用。我是个讲究亲身实践的人，也想看着想法变成现实，并提供想法，提出疑问。

北京丰台万达广场
一切皆有可能
恋上
火锅季
重庆老灶火锅
砂锅居
稻香村
乐上口
Super Sonic
B1
潮汇街
吉野家
呷哺呷哺
兰芳园
特TEQIN勤
特TEQIN勤

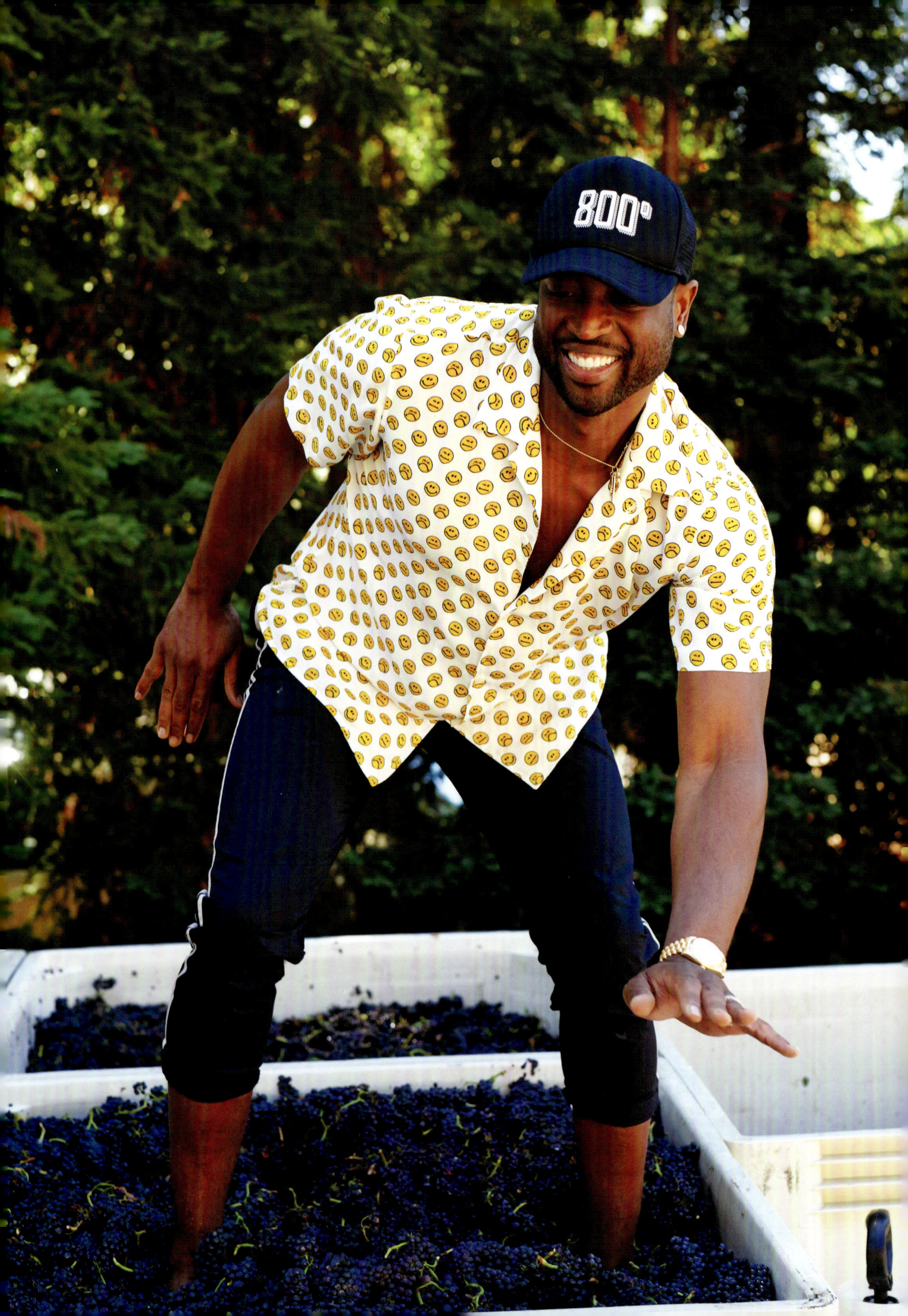
800°

这是我在纳帕。我看起来很开心，是吧？没错，但让我进入葡萄酒世界的不仅仅是品尝酒的味道。我直到30多岁才开始喝酒。在成长过程中，我亲眼目睹了酗酒如何影响我的家庭。我始终远离酒精，也从没学过如何在享受饮酒的同时不让其控制你的生活。我只看到了酒精消极的一面。

但这就是人生经验的意义所在。我接触到的事情越多，知识面就越广。感谢卡梅罗带我接触了许多不同的葡萄酒。他真的让我大开眼界，不仅品尝世界各地的美酒，还有经营酒类的生意。

韦德酿造

几年前，帕尔迈耶家族——纳帕地区最著名的家族之一——找到我，希望在葡萄酒行业进行合作。我的想法是，如果你喜欢某样东西，而且有机会，那为什么不去尝试呢？时至今日，我跟帕尔迈耶家族合作开创了韦德酿造，在市场上有4个品种。一家由黑人拥有的葡萄酒企业，我对此兴致盎然，也引以为傲。但你知道我还对什么感到自豪吗？我曾经认为酒精会对我造成伤害，但我没有让自己的一生都被这种想法所控制。这就是成长的淬炼和积极的人生经验。

要是有人说健康的生活方式来自于厨房，一定要相信他们。

就让我来说给你听吧。

我是一名职业运动员，是上天保佑才让我像当初那样饮食还能打进 NBA。那时的我希望柠檬汁要多甜有多甜，喜欢吃油炸食品，好吧，我好像什么都喜欢吃。炸鸡，焖猪排，九道菜一起上。就是这个时候，理查德·英格拉姆（Richard Inghram）不得不跟我进行一次开诚布公的谈话。实际上，他非常轻易地说服了我。理查德在 2005 年成为我的私人厨师。他还是会做我最喜欢的那些食物，但会告诉我添加蔬菜。他甚至会因为食物的份量而说脏话。认识我的人都知道我对吃的非常挑剔。但随着时间的推移，我开始明白他所提供的食谱到底好在哪里。你在厨房如何对待自己，跟你在健身房如何训练身体一样重要，甚至前者可能更重要。要是没有理查德，很难说我的生涯会如何展开。

我和理查德的关系不止于食物。进入 NBA 以来，我一直有两个扮演父亲角色的人：我爸和汉克。汉克死后，就变成了我爸和理查德。他对我的关照超越了饮食方面，覆盖了生活的各个角落。父亲节，我会打电话给他和老爸。理查德是我最好的朋友之一，是扮演我父亲角色的人，也是我的厨师。

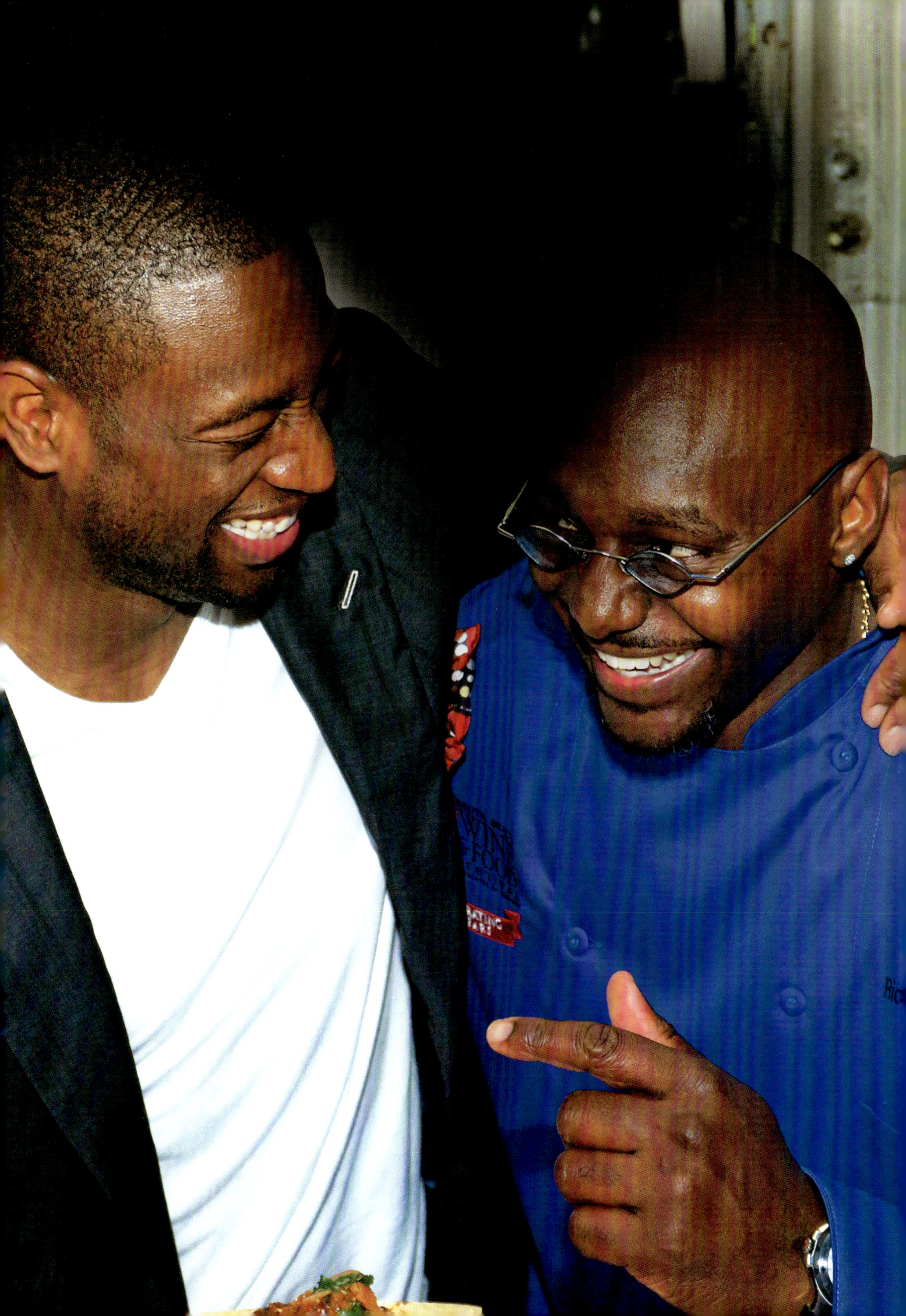

我有件事你可能不大了解。
我爱袜子。
不，我没开玩笑。
我爱袜子。

袜子
袜子
袜子

好看的袜子总是让我感到开心。2013 年与斯坦斯（Stance）合作就成了很自然的事情。我是第一个推出个人系列袜子的 NBA 球员。我要说，在 NBA 中我最自豪的时刻之一就是联盟在 2015/2016 赛季前签约斯坦斯作为官方球袜品牌。

跟斯坦斯的关系最终带来了 PKWY 公司。这家公司由斯坦斯和我共同创立。这意味着我不再只是拿支票买东西的消费者，而是当老板。我们的产品在全美的塔吉特（Target）百货超市里销售。从担任佳得乐这类品牌的代言人，到拥有时尚、葡萄酒等其他行业的股权，这种转变让我备感骄傲。我做的每一件事都是为了提升自己。

我从不惧怕篮球之后的生活，因为我在还在打球的时候就已经做好了准备。我当然喜欢篮球，但也清楚不能让它成为我唯一的幸福来源。退役并不意味着我要在摇椅上坐上一整天，追忆往昔，而代表着我的人生进入了下一个篇章。这是一个有趣的挑战，因为我对此做好了准备——我的团队帮助我对此做好了准备。

2018年，我和乌多尼斯合作打造了800度柴火厨房。这对于我俩是一个特殊的时刻，因为我们一起进入联盟，一起赢下3座总冠军——现在我们又在一起打球的城市成了商业伙伴，没有比这更美好的了。我的想法跟进军葡萄酒行业的原因类似。我喜欢新鲜烹调的食物，既然有机会将这种喜好传播到世界各地的社区，我就没理由拒绝。

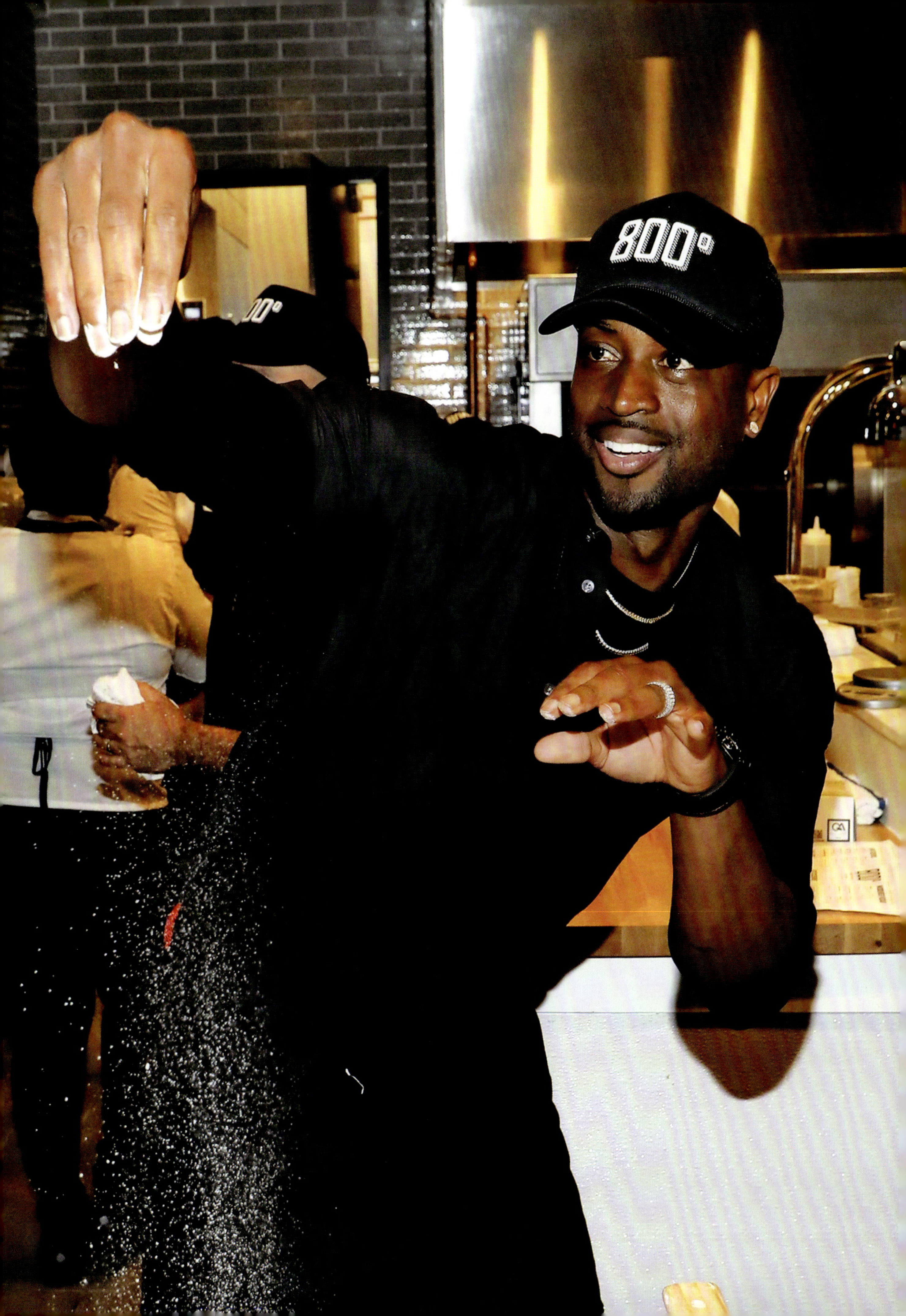
800°

给母校哈罗德·理查兹高中的学生们一个惊喜，给他们放映了我的纪录片——又一个传承的时刻。

我成立了自己的制作公司"59 草原娱乐"。我们最早的项目包括电影《暗夜枪声》，我和饶舌者钱斯（Chance the Rapper）共同担任执行制片人。这部纪录片拍的是芝加哥的一支高中篮球队，他们的明星球员在冠军争夺战的前夜遭到了枪击。但这里的照片都来自上个全明星周末我们在芝加哥举行的 VIP 放映活动现场——放的影片是我的纪录片《预料外的人生》。那对我来说是个特殊的时刻，是一个高潮，代表着我和鲍勃这十年的投入是值得的。我们从一开始就明白，制作我们自己的内容、拍摄我们自己的故事，是用最真诚方式讲述和叙事的最佳途径。这就是 59 草原娱乐公司的宗旨。我不只是商人、大使、食品和葡萄酒行业的重要人物，也是一个讲述者。

回到哈佛，讲授安妮塔·埃尔伯斯 2016 年发表的关于我的个案研究。

有一件关于我的轶事，很多人可能不知道。2015 年，我参加了哈佛商学院阿妮塔·埃尔伯斯（Anita Elberse）教授的"娱乐、媒体和体育商业"课程，期间我甚至还住在宿舍里。我在马奎特大学都没这样过！老实说，这段经历一开始有点伤脑筋，因为我从 2003 年开始就没在教室里以学生身份听过课了。但埃尔伯斯教授的本事让这段经历变得不可思议。她后来好几次邀请我回去做客座演讲。跟着她学习帮我进一步打开了眼界，学到了如何与我的团队互动，该问什么问题。因为那时候我已经在为退役后的生活做准备了。

如果我们不努力赋权给下一代，
那么我们所做的一切都没有意义。

我始终相信，只要有机会给年轻世代做演讲，就义不容辞。如果想成为社区的一部分，就必须让社区看到你。我的心态一直是这样，当初有人将火炬交给了我，而我的任务是确保它能继续传承下去。

在迈阿密,为了纪念马丁·路德·金日,我参加了"给儿童食物"活动。小时候,我有一些晚上没东西吃。我对此并不心怀怨恨,但如果能确保其他孩子不必感受这种痛苦,我愿意倾尽所有。

在帮助孩子们时，我始终记得，很久以前我也曾是他们中的一员。一次互动或许可以改变他们往后的一生。

能环游世界是一种福气，但慈善始于家庭。

小时候，父母会在过节时向我们反复强调："给予好过收受。"越长大，我越意识到这是何等的真理。

这张照片有很多幕后故事，是第一眼看不出来的。2011年，国家父职倡议组织颁奖给我。在那之前不久，我才刚得到扎伊尔和扎亚的完全监护权。篮球荣誉是不可思议的，但做一名伟大的父亲永远是能带来更大快乐的终极目标。2012年奥兰多全明星周末期间，我主持了一场讨论，那是白宫"父职与监护"倡议的一部分。我清楚自己参加的目的，而更震撼的是，就在拍摄这张照片的48小时后，特雷文·马丁将失去生命。我的生命，以及NBA其他许多球员的生命，从此都将致力于一个更宏大的目标。

这是道恩·史密斯（Dawn Smith）。我不只是在南佛罗里达打球。我生活在南佛罗里达，我永远会把南佛罗里达称为家。当听说道恩家的房子不小心被侄子烧着了，他们失去了一切的时候，我不能就这么坐下来，跳过新闻报道，然后继续自己的一天。我们赶在圣诞节前把一幢小房子的钥匙交到了她手上。

我的人生就这么迅速地转变了。2018年2月8日，我从克利夫兰交易回迈阿密。情人节那天，14名学生和3名工作人员在佛罗里达州帕克兰的马乔里·斯通曼·道格拉斯高中枪击案中丧生。我人在洛杉矶参加全明星周末，但我的心一直在佛罗里达。那个月的晚些时候，我打出了该赛季最好的一场球。我们以102比101击败费城76人队，我得到27分，命中制胜球。但这远非那场比赛最重要的元素。那天晚上我穿着纪念华金·奥利弗（Joaquin Oliver）的鞋子，他是17名受害者之一。

帕克兰17人
华金·奥利弗

看到这幅景象，我还是会起鸡皮疙瘩。

我在电台里听说华金是穿着我的球衣下葬的。他的家人没有联系过我们，是他们自己这么做的。在一个家庭最心碎的时刻，他们想让儿子穿着我的球衣下葬，这件事让我潸然泪下。这跟我无关，但我必须做些什么。南佛罗里达欣然接纳了我，我觉得自己有责任在这片热土有需要的时候施以援手——我必须去访问学校。我想给孩子们一些重新开心起来的东西，因为他们应该如此。这不是为了吸引舆论关注，而是关乎人与人的沟通。不是跟你说虚的，我不是没听过人群的山呼海啸，但当我走进大楼时，整座校园的反应——我现在想起来还是会起鸡皮疙瘩。他们在寻找任何能让他们快乐的东西，任何能让他们回想起快乐是什么滋味的东西。我见了老师和校长，还见了一些学生领袖和三、四年级的学生。正是他们策划了在华盛顿特区的"为我们的生命游行"活动。他们告诉我，最好的帮忙方式就是利用我的平台。我一度很犹豫是否要接受CNN的采访，但我明白这并非关于我，这帮孩子让我知道了自己的声音是多么有力。我谈到了枪支暴力，以及这个国家为什么迫切需要修改枪支管制方面的法律。我和我的团队还赞助了一些孩子去参加游行。我们跟芝加哥和迈阿密的青少年组织合作，为他们支付去华盛顿的路费。

我跟华金的父母在一起。他们成立了一个叫"换裁判"的组织来纪念华金。

卡丽安·巴内特和我有了一个想法,办一个展览来纪念受害者。我们在温伍德——迈阿密一块以艺术闻名的地区——找了个仓库,在墙上作画,摆上17张课桌和一张讲台。每张课桌上都有被枪杀的孩子和工作人员的名字以及个人资料。人们成群结队地来参观,本来只计划举办一天的展览,结果持续了好几个周末,并在纽约和加利福尼亚也重新展出。我们在现场布置了一个具有象征意义的黄色电话亭,让与会者可以打电话给他们选区的议员,提出修改枪支法律的请求。

2019年,我给了同学们又一个惊喜。这次是在他们的毕业典礼上。在余生中,我将永远跟佛罗里达州帕克兰马乔里·斯通曼·道格拉斯高中联系在一起。

我数不清上赛季有多少人问我："退役的感觉如何？"我知道为什么要问这个，但我每次的回答都一样。我只是从篮球场上退役了，接下来的人生才刚刚开始！在篮球场上，我希望关键时刻球能在我手上，同样，在生意场上，我也希望团队在做出重大决定时自己能在现场。这就是我现在的工作，我还年轻。可能没那么年轻了，不能一晚上得个 30 分——我来过，成就过，带着几座总冠军离开了。但我也还不算老，清楚前方还有很长的路要走。

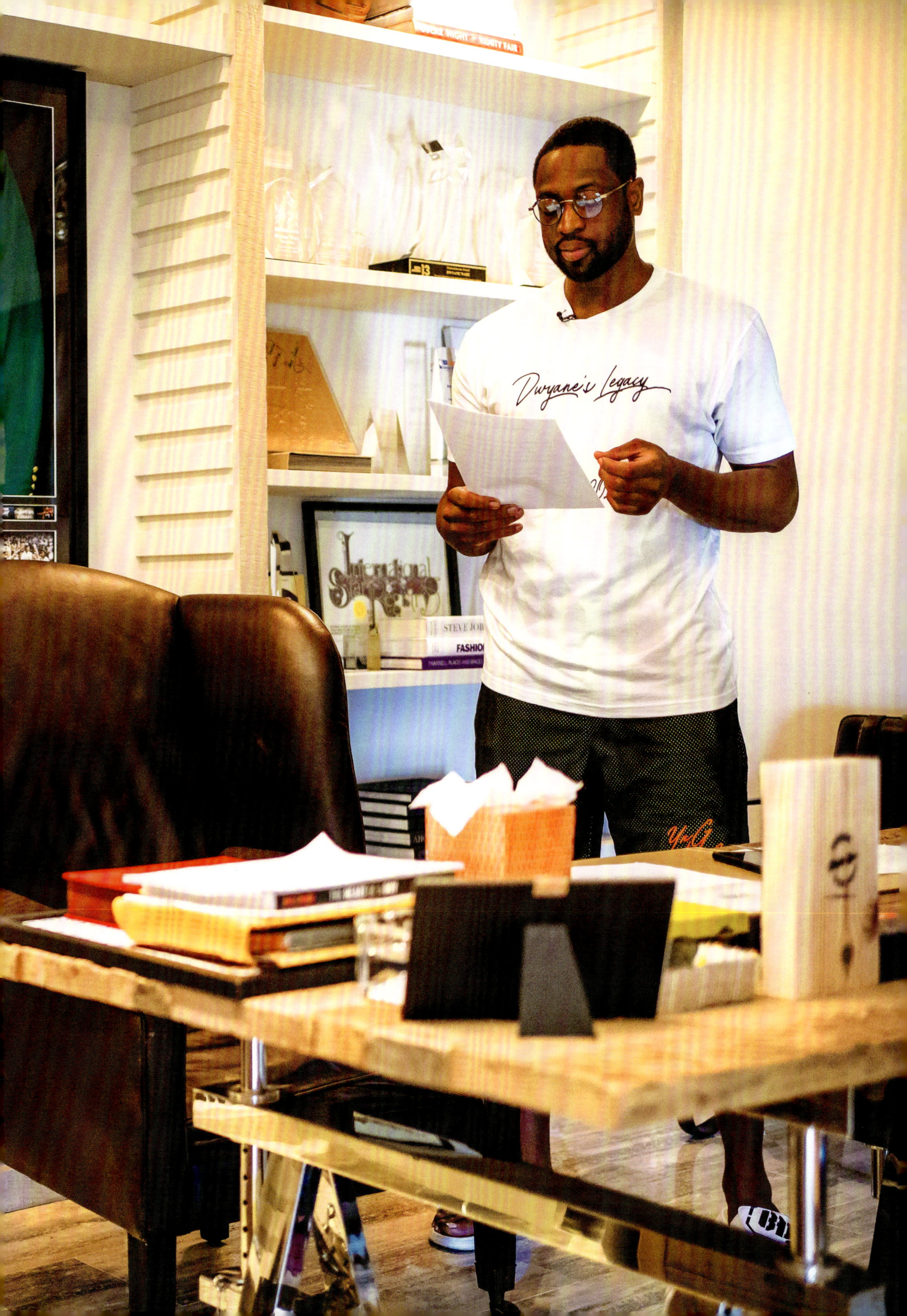
Dwyane's Legacy

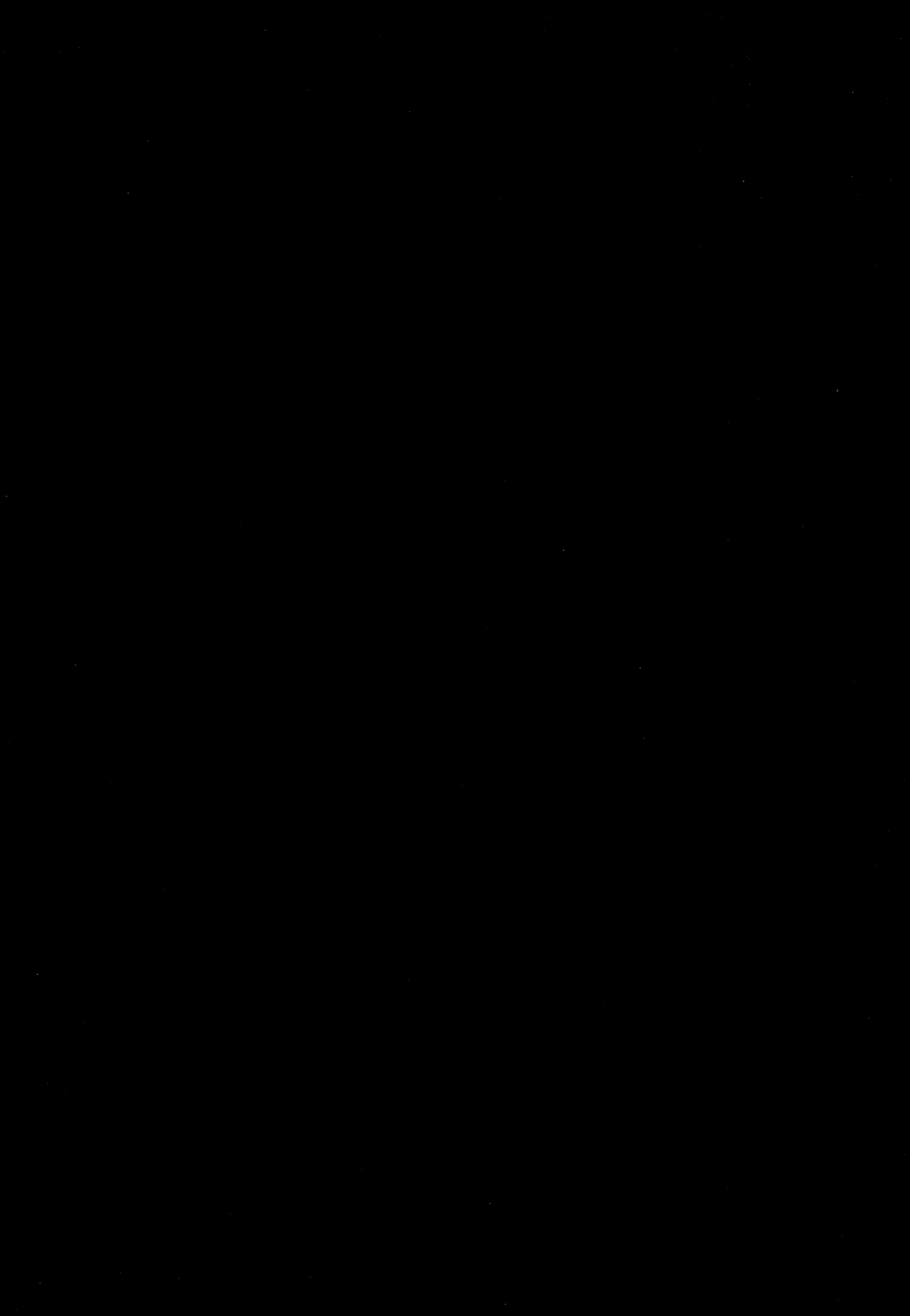

FOURTH QUARTER
第四节

这是决胜时刻,是展示和证明领导团队的重担为何会落在你肩上的时候。每个决策都很重大——我经历过关键时刻的每一种情况。我投进过制胜球,也被人在头上投进过制胜球。我接管过比赛,也亲眼目睹过别人接管比赛。无论如何,这是展示我愿意付出什么来赢下比赛的一节。

有很多人都依赖我在关键时刻做出正确的决定。我总是能做到吗?不。我从没见过一个永远完美的人,但我一直想要承担重任。领导球队或是领导家庭,都有许多人有赖于我,而真正的领袖最大的恐惧是他会让那些信任他的人失望。我这辈子经历的一切都有其目标。这段旅程并不总是一帆风顺,有几次我扪心自问,"我做得对吗?我到底要去哪里?"

有时我不得不从自己身上吸取教训,也有时,我不得不授人以教训。但我从家人身上——正如从我一生所爱的篮球上——学到,拥有所有你所遇到的问题的答案,远远没有拥有彼此来得重要。有时你们要一起想办法。

这是我最原始的"三巨头"。刚开始跟加布(又叫"妮基")约会的时候,我还是个单身父亲。你永远不知道会发生什么,有些人跟小孩相处得很好,有些人则不然。但加布是不可思议的,我知道,如果我要把某人带进扎伊尔、扎亚和达维恩的生命里,那必须是个重要的人——我希望他们像我一样爱她。我的孩子都很喜欢加布里埃尔。但结婚意味着更多东西,意味着对方也要参与照顾孩子。所以求婚的时候,我必须让"全队"都参与进来。光是我来单膝跪地是不够的,我们得给加布一个她无法拒绝的请求。

谢天谢地，她说了"愿意"——对我们所有人。从那以后，我们再没有回头。

2014年8月30日——毫无疑问，这是我最难忘的一次约会。关于加布和我的结合，我非常高兴的一件事是，我们都没有太急着赶着。她知道我爱她，我知道她爱我。我们在共同建造的世界里总是很有安全感。这是一辈子的事情。我们在迈阿密的阿蒂桑城堡（Chateau Artisan）办的婚礼，就算只有我、加布和孩子们，那一天也已经足够特别，再加上那么多亲朋好友的光临，让那天成为我们始终期盼的梦想时刻。从加布在电影《美国之旅》开头婚礼场景的约翰·传奇（John Legend）的歌声中走进教堂，到我伴随着德匡特斯·德文泰·拉马尔（Rich Homie Quan）的 Walk Thru 入场，再到小提琴家小李·英格兰（Lee England Jr.）的演奏——一切都那么完美。

但这些都比不上加布缓缓走进教堂时的样子，她就像是个天使。哪怕我老到120岁，也会清清楚楚地记着这一刻，就像发生在5分钟前的事一样。所以我现在边写边在擦眼泪。

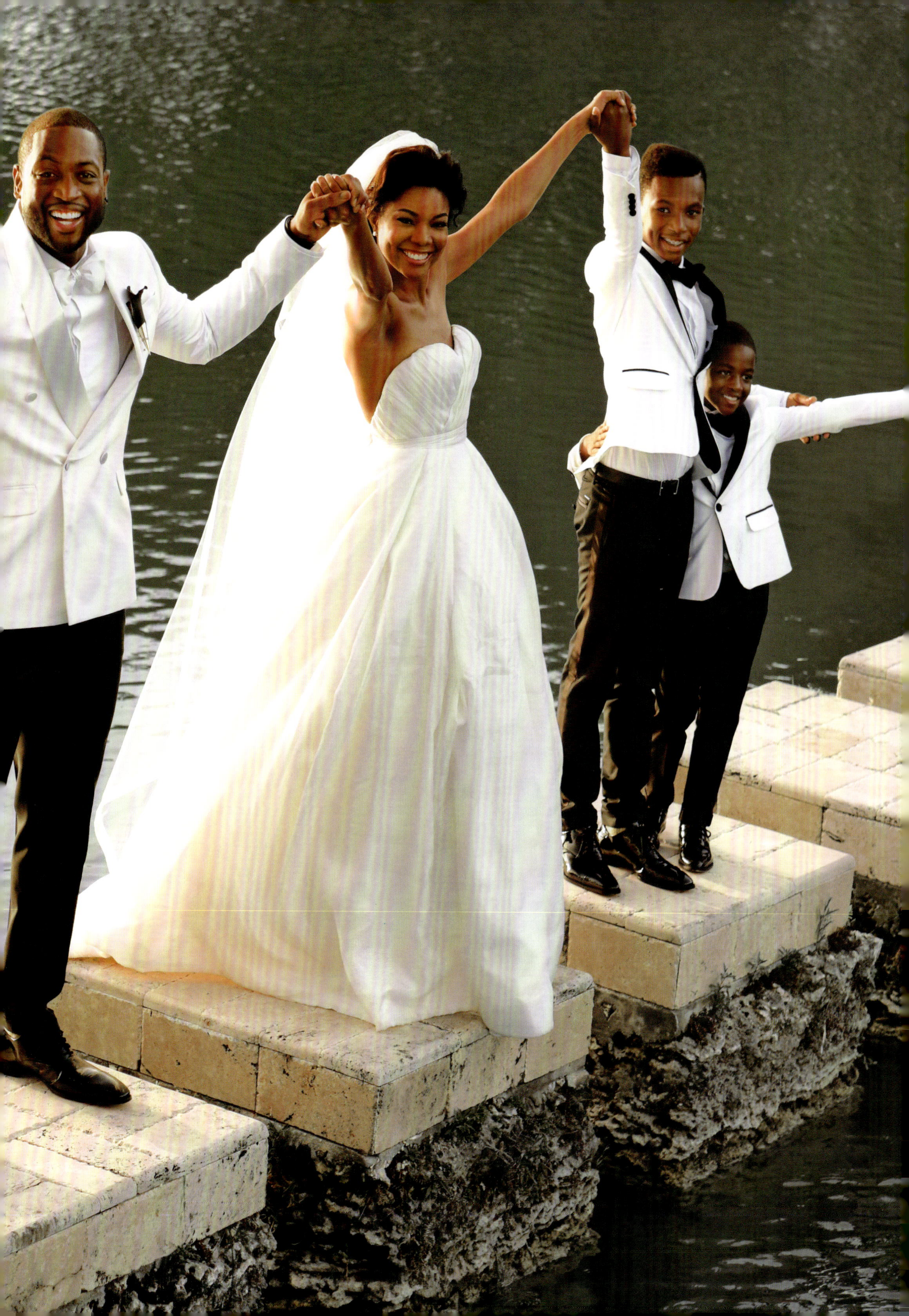

为永远像初恋一般、时间无法改变的爱情，干杯！

如果我跟加布看起来总是很开心,那是因为我们确实如此。在这世界上,我最希望能一起收集护照盖章的人就是老婆了。我们走遍了世界各地,你很可能已经在Instagram上看了不少,因为我们给每一趟旅行都加了标签。2020年的大部分时间,我们不得不保持社交距离。这是正确的做法,但说真的,我们两个旅行狂都快憋疯了,因为被迫取消了许多行程。

还有什么能比跟你最好的朋友一起坐飞机去旅行更好的呢?没有。加布和我有幸可以周游世界,有时是工作,有时是娱乐。对于一对来自芝加哥和奥马哈的孩子来说,这可真不赖。无论是我陪她,或者她陪我去工作,还是我们单纯决定去赶一班飞机,这对我们两人来说都是最棒的事情。

成为父母，尤其是黑人家庭的父母，会承载大量的情感和经历。

在我们生活的这个世界里，有时感到恐惧是很自然的事情。作为父母，加布和我最想做的就是尽力保护他们。这有时会导致令人不快的对话，但如果我们不能给他们100%，就可能对他们造成严重的伤害。如果感到恐惧，那是因为你爱得太深。爱得太深，以至于你愿意放弃一切，只为能看到他们始终在微笑，永远不会受伤。当这种爱出现在你的生命中，你就会意识到它不同于曾经经历过的任何事情。我是个骄傲的黑人男性，娶了美丽而强大的黑人女性。我们养育了不可思议的黑人青年和儿童。我给他们的"游戏"就是将他们带入这个世界。所以，如果你问我最大的成就是什么——总决赛MVP真是太疯狂了，赢得奥运会金牌也一样——但与成为黑人父母相比，这些都是那么苍白。有时你会抓狂，会沮丧，会害怕。但这些都抵不过爱。我在爱中成长，而没有丝毫怀疑。

在获得扎伊尔和扎亚的监护权后，我跟妹妹迪安娜说起，让她的儿子、我的外甥达维恩也来迈阿密，跟我和加布住在一起。每次我陪孩子们共度周末，都会确保达维恩也在。扎伊尔和达维恩从小就是最好的朋友，只分开过几个月。我知道妹妹有困难，因为达维恩在学校不顺心，在芝加哥长大也不容易。所以我觉得自己的环境和资源可以给他更好的机会去取得成功。这对我们所有人来说，都是最好的结果。我无法想象自己的这段旅程中没有他在身边。照片是我们在帮达维恩为毕业舞会做准备。

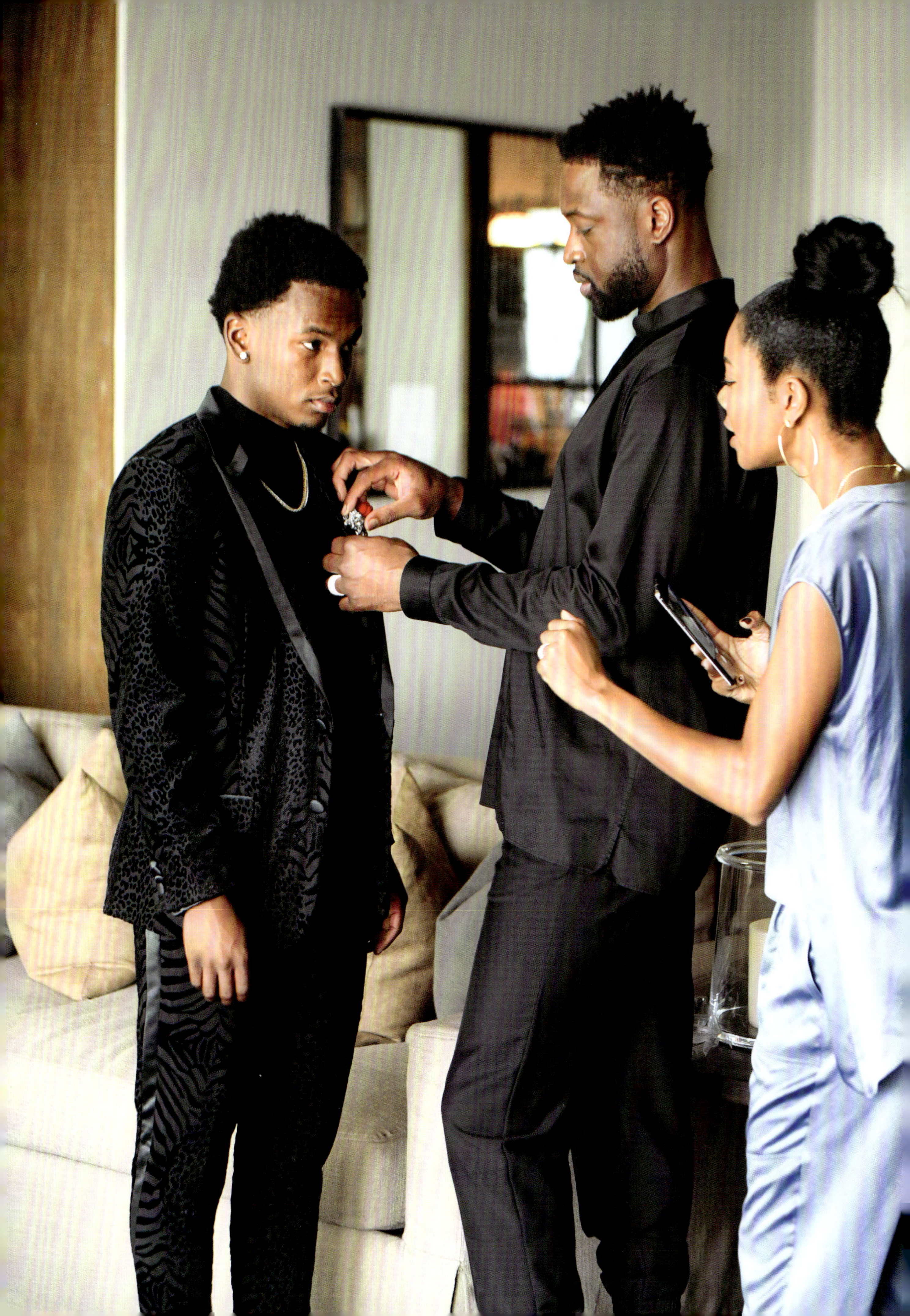

我们总是听到"黑人之爱"和"黑人之乐"的说法，无需明确定义，当你亲眼目睹的时候就会明白。人生不会总是处于美好时光中，也不会都是坏日子。你生命里必须要有人可以陪你度过这两种日子，这样，爱、快乐和幸福的价值才真正获得自己的定义。看到我的妻子微笑，看到我的孩子长大，成长为可以把这个世界变得比他们最初认识时更好一点的人，看到我自己每天都在成为一个更好的自己——我依靠的就是那些定义，也必须将它们牢牢抓住。在这个充满不确定性的世界上，回到那些最能给我带来平静的人和物身边，就是最为重要的事情。

在马奎特的第一年我没能上场，所以克林教练把我送去意大利打球，积累一些比赛经验。我刚到那里，前妻肖沃恩（SioVaughan）就告诉我她怀上了扎伊尔。我吓得要死。我记得自己对克林教练哭了，是那种脸皱成一团、满是鼻涕的哭。我还在上大学，没有钱，但马上就要有儿子了——一个小屁孩有了一个小屁孩。我以为自己的职业生涯要完蛋了，但教练告诉我："我们会撑过去的。"从那时起，我的新人生便开始了。

扎伊尔不知道，他的到来改变了我的人生，让我不再只为自己而活。我知道，就算自己一无所成，也必须尽我所能做一个最好的父亲。我收获的回报是一场无法想象的美梦。我被选中那晚，他就坐在我大腿上；我们赢得总冠军的时候他也在场；在我作为球员的最后一个全明星周末向我提问；在我职业生涯的最后一场主场比赛跟

我交换球衣。扎伊尔一直是块磐石。就算我们的情况一度不像现在这么稳定,他也总是昂着头,信任我。

现在,扎伊尔已经是个独立的男人了。看到他成为如此出色的篮球运动员,我感到骄傲吗?当然。但在扎伊尔还没碰过篮球之前,我就为他而骄傲。其他的都是额外奖励。扎伊尔是我心脏在跳动、脸上常挂着微笑的原因。我的大儿子,我对你的爱比你知道的更深。谢谢你帮助我成为今天的我,虽然不十全十美,但已经是超乎想象的福气。

当你的大儿子觉得你已经太老了,不能再在他头上得分了。

正是这样的小时刻让当父亲成为
我经历过的最了不起的旅程。

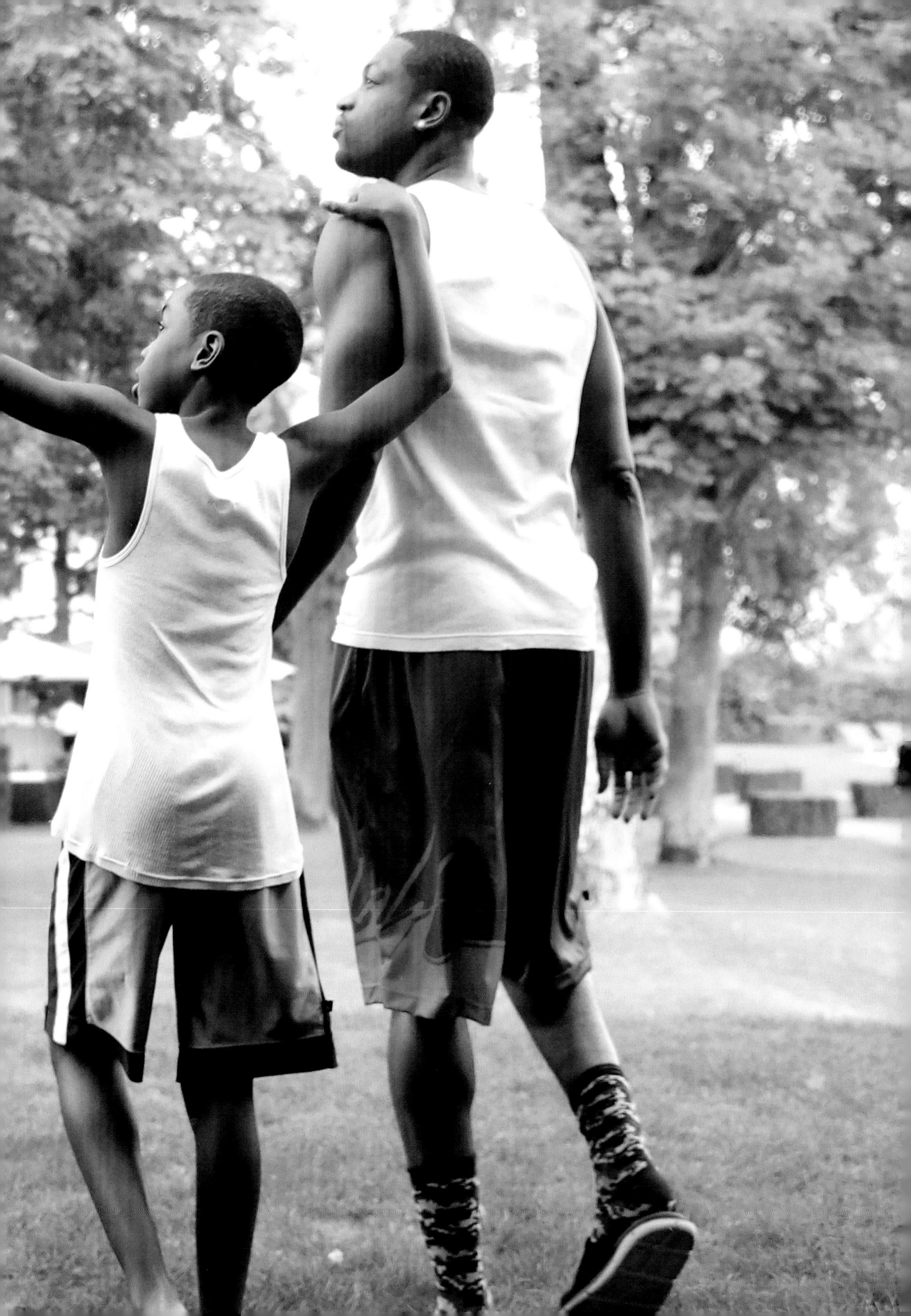

扎亚是我人生中最重要的老师之一。

身为人父，我认为自己主要的任务是教育孩子善良，引导他们走上正路。但一路走来，我意识到，自己从他们身上学到的跟教他们的一样多。

我爱她，因为她正在转变为这样的少女，也因为她帮助我成长为这样的父亲。

这是我每天都要面对的简单时刻。当第一次对外提到扎亚的性别转换时，我看到了人们的反应，说我能接受子女的决定是一件多么伟大和温暖的事情。我也看到了有些人的批评，但无知永远不能像爱那样激励我。我当然会支持扎亚走过她的旅程。我从来没想过要抛弃孩子，我们的生命会永远在一起，无论需要爸爸做什么，她都知道我会马上出现。

扎亚出生时，我做了和扎伊尔出生时一样的承诺。我会在任何情况下无条件地爱她，在任何情况下都不会让她有被抛弃的感觉。扎亚是我认识的最勇敢的人。老实说，当扎亚告诉家人她的性别转换时，我对此并不太了解。但她有勇气告诉我们，这深深地感动了我。我曾经在球场上遇到过压力巨大的情况，但跟扎亚的行为相比那些都不算什么。

我爱扎亚正在成长为的样子。我爱她的创造力。她年纪不大，就对世界有如此的理解，让我自愧不如。每天醒来我都觉得自己不会比昨天更爱她了，但一天结束时，事实会再次证明我错了。

这就是我们做家人的方式。

我在教儿子夏维尔家传本事。把这两分给算上。夏维尔不住在我身边,所以我们不能像我和其他孩子一样每天见面。这有时会带来困难,但我的任务就是确保他永远不必为此承受压力。我有责任让他知道,他是在爱之中被抚养长大的,哪怕我们不住在一起。我有责任让他知道,虽然我们有时不在一起,但

我永远都是他
可以依靠的人,
爱他的人,
帮助他的人。

我从生活中学到了,并非每个家庭的父亲都是千篇一律的形象。每段关系都不相同。我在夏维尔身上唯一在意的就是让他知道他始终拥有我的爱。

当老妈经历她人生艰难时刻的时候，姐姐特拉吉尔带我去住到老爸老德维恩·韦德家。我在那儿学会了篮球，爱上了篮球。他在我生命中最迫切需要稳定的时候给了我稳定，对此我怎么感谢他都不够。跟其他许多父母和孩子一样，我们也有过互相看不顺眼的时候。但现在我们是如此亲密，或许我们必须经历当初那些事情才能拥有今天这样紧密的纽带。他是我一辈子的"哥们儿"。我感谢他教我的每一条教训——无论是在场上还是场下。我无论去哪里都带着这些锦囊。

遗产

说到篮球，我非常感谢他把我扔进了火坑。总对我很强硬，总在批评我的比赛——但这促使我想要变得更强。

老爸让我跟比我年纪大得多的人打球，一开始这似乎不怎么公平。我会被打爆，被肘击，伤痕累累，但这让我变得强硬，也越来越渴望这种竞争。老爸早年间也有他自己的陋习，但就像对老妈一样，我不作评判，这种事轮不到我来做。所以，看到这样的照片时，我感觉非常好。我们俩都经历了生命中很多事情才走到了今天。

读到这儿，你可能已经厌倦了我一直在说当父亲是我最重要的工作。但是能跟老爸共度抚养孩子的这段旅程，真的很快乐。老爸是个超酷的爷爷。他很强大，是孩子们的好榜样，是他们永远可以依靠的人。不管是教他们打球，还是告诉他们我小时候的趣事，他都是个永不枯竭的回忆、故事和笑声的源泉。

看到这张照片时，我脑海里出现一个词：遗产。

家是我的港湾。并不总是一帆风顺，有时根本没有快乐可言。但最重要的是，我们经历了很多，却能始终在一起。

乔琳达·韦德的故事现在已经广为人知。她与药瘾做斗争，还在牢里呆过一段时间。看着老妈挣扎是很痛苦的事。有些晚上，我不知道她会不会回家来。有时你会听说附近有人死了，我唯一希望的就是下一个人不是她。

一直以来，我从没有对老妈作过评判，也从未放弃她。我所做的就是去爱她。她的历程始终属于她自己，我不知道如果在她身上发生了什么意外，我的人生又会有何不同。我最敬佩老妈的是她的透明。我为她所克服的一切而骄傲。她是我的榜样，不是因为她犯过错，而是因为她从不让犯下的过错定义她的人生。她从不逃避缺点，总是为自己的行为承担责任，无论这有多么艰难。没有人是一生无暇的，相信我，我从不止一件事情上学到了这一点。但我非常敬佩我的母亲，因为她如此强力地改变了自己的人生，这帮到了很多人，比她自己意识到的可能还要多。我用全部的生命爱着老妈。我们人生中所经历的一切——我不想改变其中任何一部分。

在各自人生的低谷，我们都会见到彼此，相互支持。

孩子、加布、父母、姐妹、奶奶，还有其他很多人，是他们让我成为了现在这样的男人。

所以在赢下总冠军时能让他们在场，或是为他们帮一些忙，我相信这就是上天的旨意。

生涯早期，我拍过一个广告片，里面说"摔倒7次，爬起来8次"。这则广告本来是在声明我如何对待篮球的。但这句台词也可以用于我妈妈，甚至放在她身上更合适。

我是生命中这些最坚强的女人的产物。

没有这些女人就没有德维恩·韦德。

她们都是家人——两个来自血缘，一个来自婚姻，另一个是从工作关系中延伸出一条无法分割的纽带。

我在前面解释过，为什么马奎特在我心中永远占据着一个特殊的位置。现在，想象一下，你的学校不分昼夜地陪伴你，你的家人也在那里见证了全部。正是这个家庭在你上大学的时候支持你前进，哪怕你中途有了孩子而其他所有人都在怀疑你能不能挺过去。我永远不会忘记姐姐特拉吉尔在我人生那段时间里有多么伟大。

然后，孩子们又在仪式上给了我一份惊喜。我无论如何都会非常开心，因为那是个重要的时刻，但我确实希望自己的孩子能到场。但我理解他们，尤其是当家人说他们有篮球活动要参加的时候，毕竟我在 NBA 打了 16 个赛季，这些年里我错过了许多自己非常希望参与的家庭活动。但扎伊尔、扎亚和达维恩在中场时突然出现了——那是我人生中最酷的时刻之一。

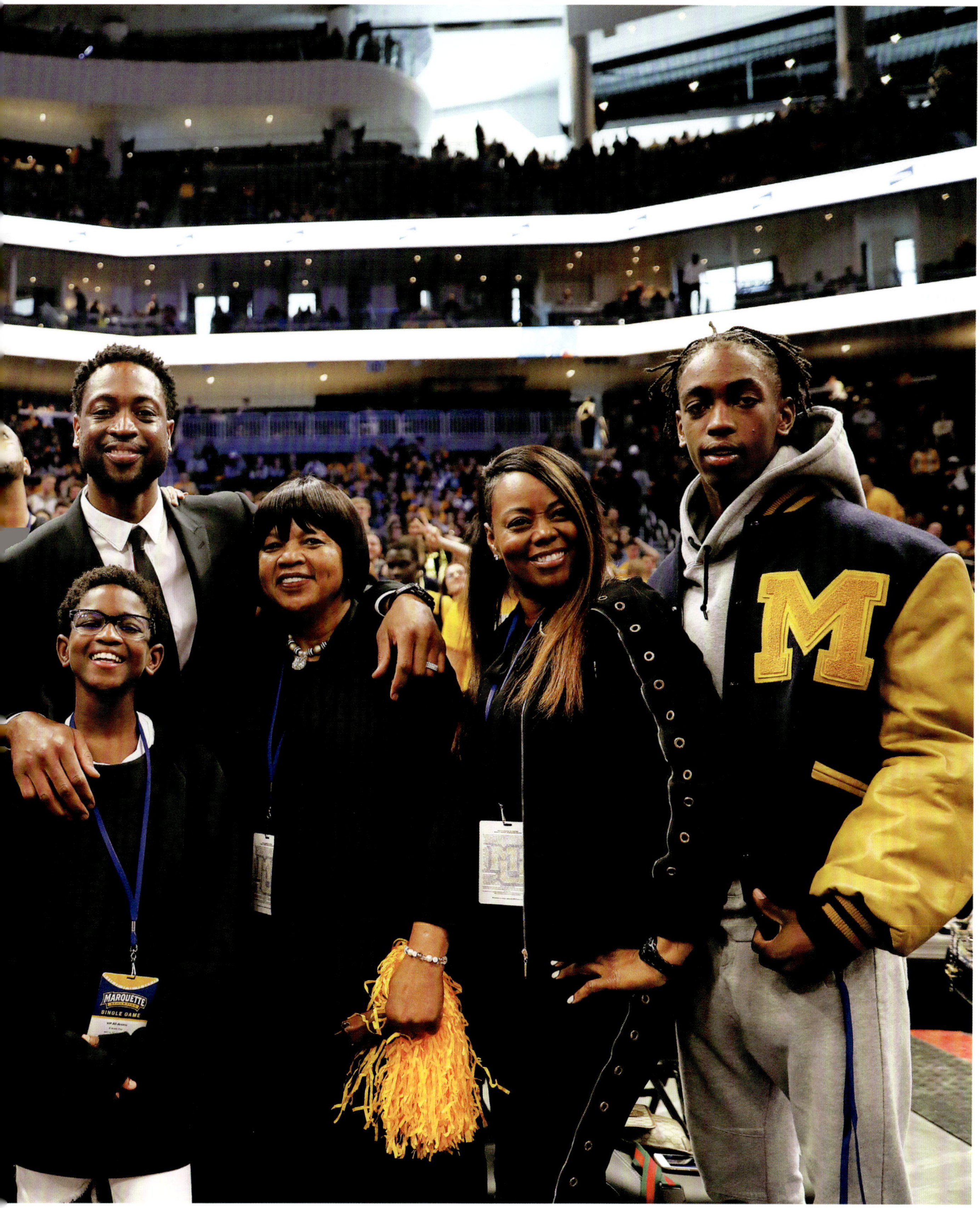
MARQUETTE
SINGLE GAME

我的大姐，特拉吉尔。

如果字典里有"真诚"的定义，旁边应该配上我姐姐特拉吉尔的脸。

她是捍卫者，是奉献者，是关怀者。她直言不讳。她是我对坚强黑人女性的最早记忆之一。人们眼里的我是D·韦德，看到的是荣誉，但如果有人问我，我会说自己的力量很大程度上来自特拉吉尔。她把小时候的我从不利于成长的环境中拽出来，送去和老爸住。这个决定改变了我的一生。她也是我最终获得扎伊尔和扎亚全部监护权的重要原因。当我压力巨大的时候，她始终陪在我身边。她让我保持专注，明白无论这个过程有多么艰难，最终目标都是为了跟孩子们在一起——这就是我的大姐。她在我心里永远有一个位置，因为她从不让我忘记自己的内心是什么样子。

当两个家庭结合在一起，变得紧密时，拥抱的方式会产生变化。这是我的家庭和我有幸加入的家庭，加布的母亲和姐妹。黑色是美丽的，黑人的爱是耀眼的。

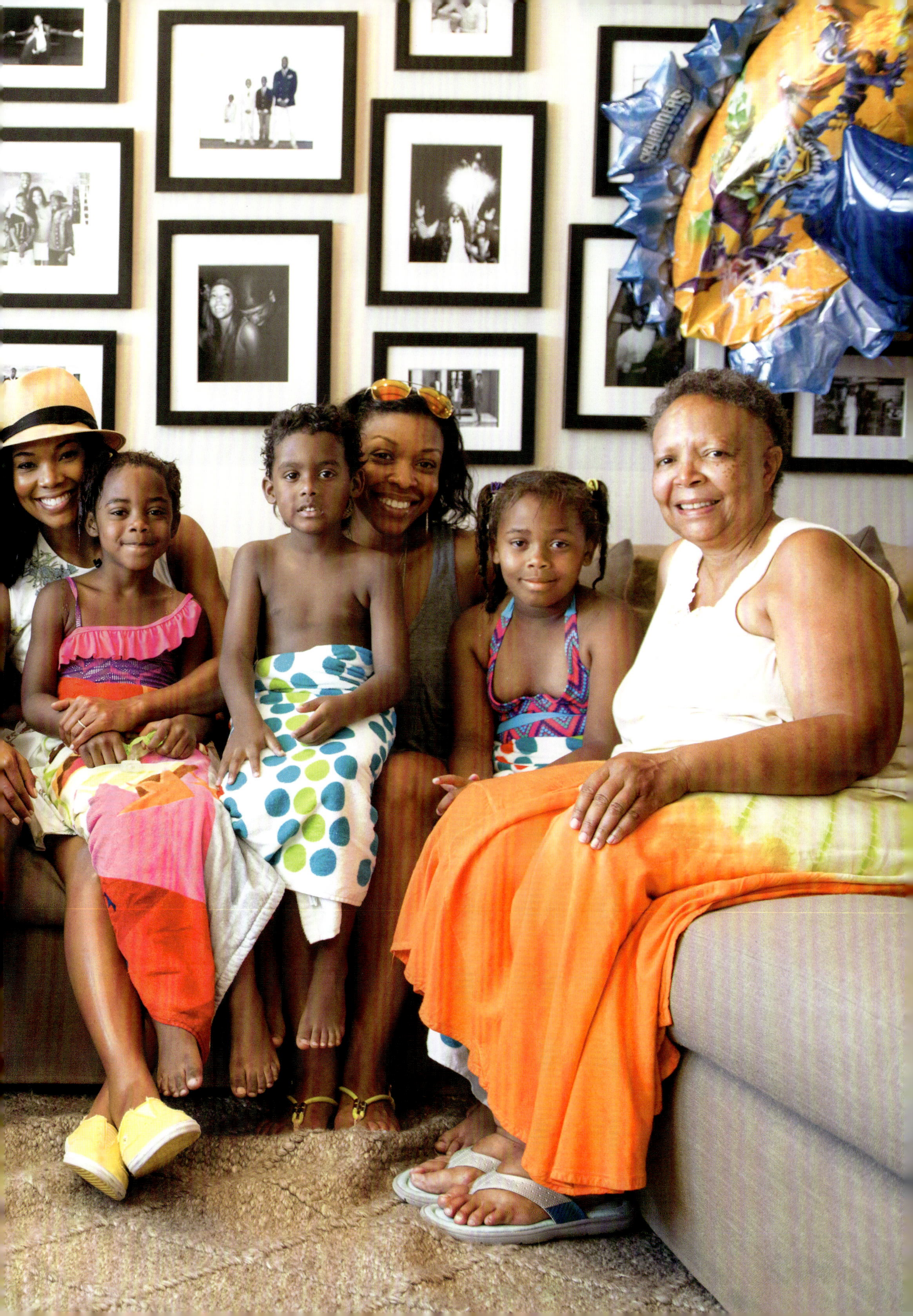
SKYLANDERS

加布和我从来没有遮掩过这段经历。我们想要一个孩子已经有很长一段时间。她前后流产了 9 次，到了我不希望加布出事的地步。情况越来越危险，不骗你——我当时吓坏了，所以我们决定找个代孕妈妈。我记得那些伤人的评论，说什么加布穿着睡袍躺在床上怀着女儿之类的。我学到的是，人们总是轻易作评判，却很难理解他人。如果他们能理解，就会明白为什么怀上卡维亚是我们二人生命中最重要的时刻之一，为什么她走进我们生命后的每一天都是如此不可思议。我们的女儿是坚韧和爱的证明，我们永远不会忘记这一点。

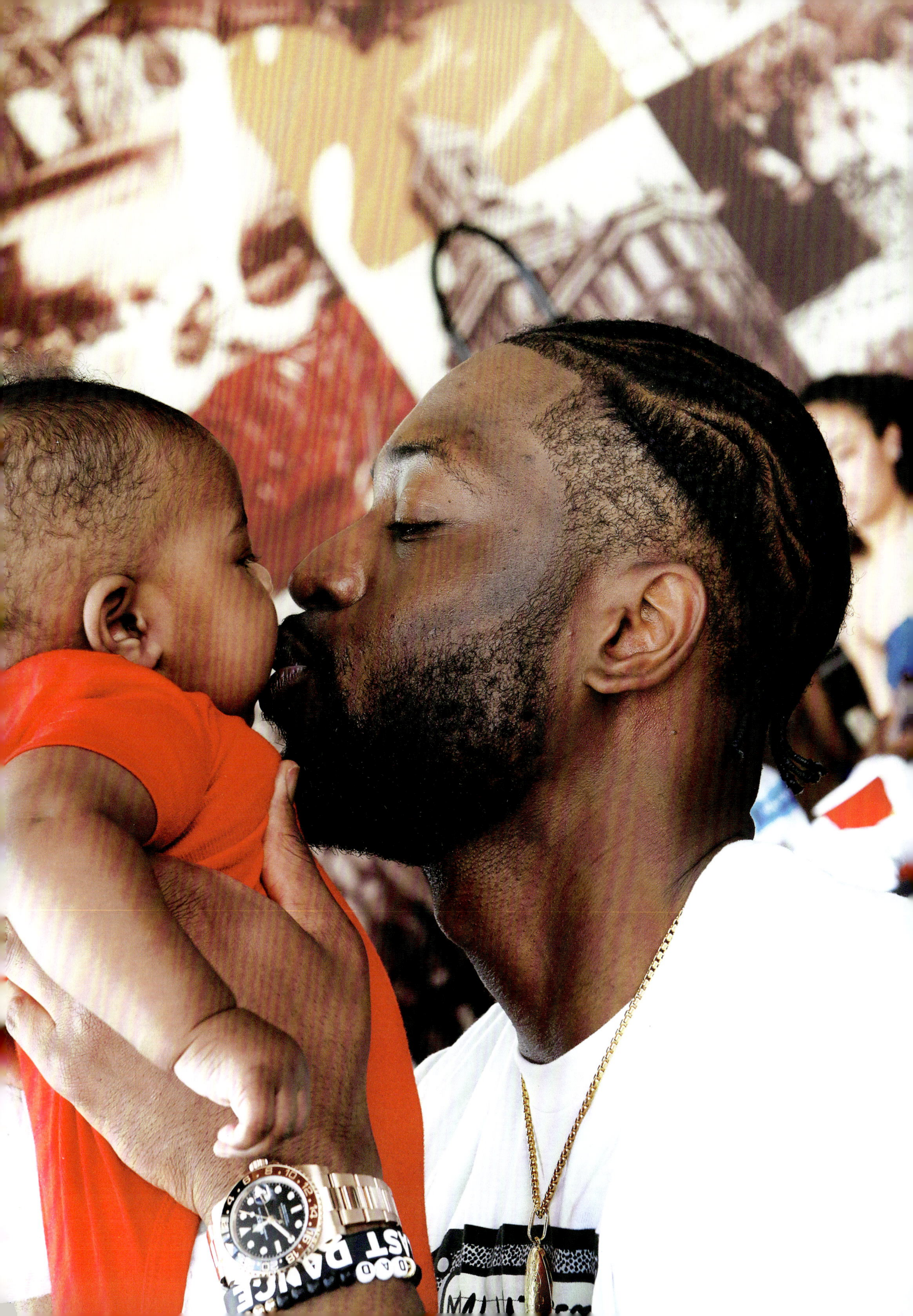

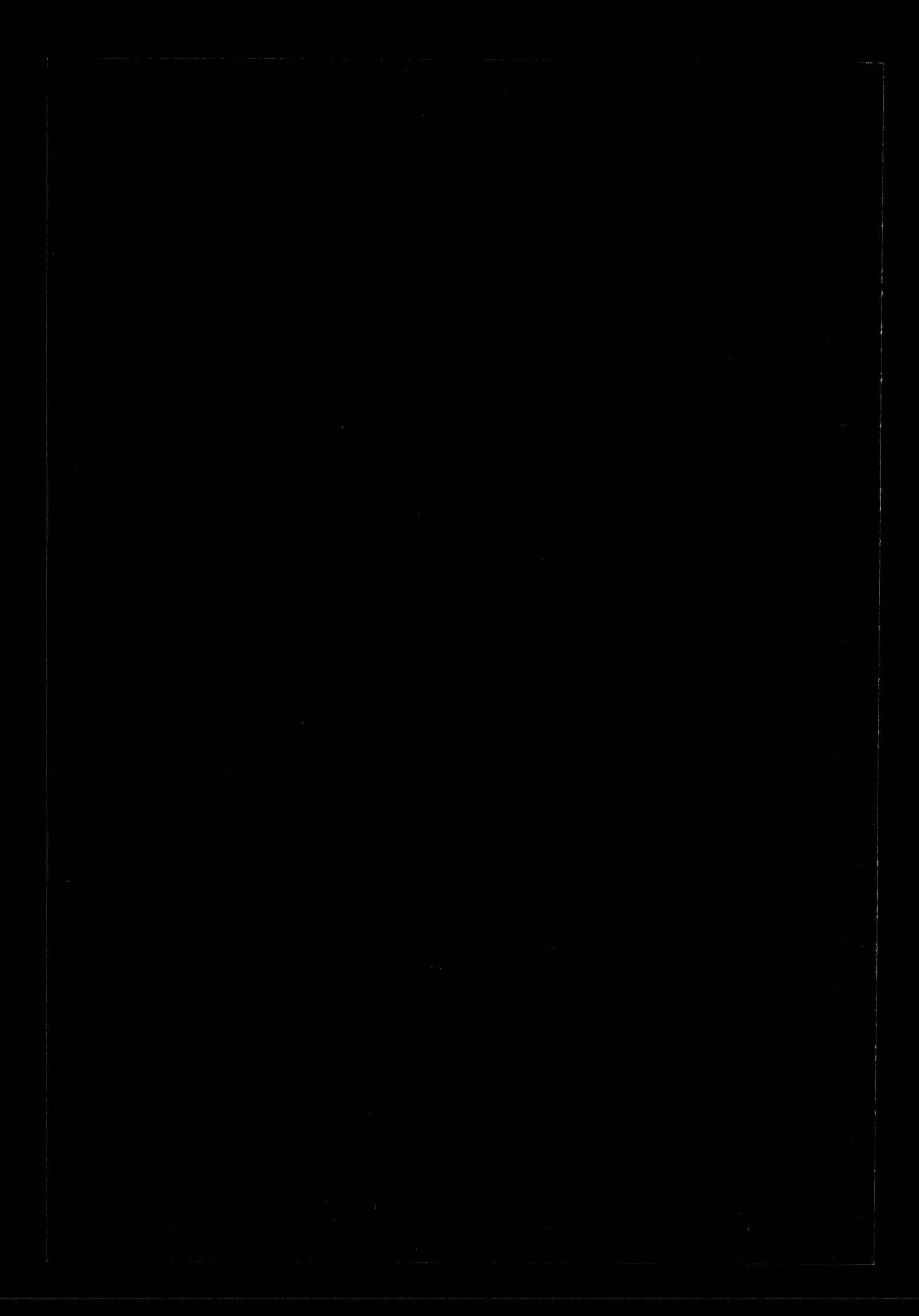

POSTGAME
赛后

汉克和我总是在讨论给后人留下一份遗产的重要性。我还年轻的时候，不太理解什么是遗产。我那时还年轻，无忧无虑，但这些总会让位给成熟和自我反省。我的篮球生涯结束了，不会再复出，但现在的我比以往任何时候都更明白跟汉克的那些对话的含义。我将留下什么东西，来让我一生热爱的篮球、让我所遇见的人和所负责的生命变得更好？这就是遗产。

如果我们能把这件大事做对，那我们的身份就会跟我们守护的东西永远联系在一起。话语会被记住，但真正不朽的是行动。对于 NBA 的 16 个赛季，我唯一想做的就是用应有的尊重去对待这项运动。实际上，如果再加上芝加哥的那些挣扎经历，就是更长一段时间了。我唯一想要的就是因我对待比赛的态度而获得尊重。最后一场在布鲁克林，当我离开球场的时候，我非常清楚这一点。我不能再奢望更多了！

交换球衣实在是太棒了，我爱他们每一个人。但他们远远不能跟走进我生命的这位公主相提并论。如果你在社交媒体上关注了加布或我，那你一定已经认识卡维亚了。但很多人不知道的是，我离开球场的很大一部分原因就是为了她。我已经错过了生命中的许多重要时刻。我的家人理解这一点，我自己最终也理解了这一点。尽管我理解这是职业篮球的一部分，但我不想再这样了。她是我最完美的退役理由。

在我的最后一季，我们的女儿卡维亚出生了。我请了一段时间的假，因为在她第一次睁眼看爸妈的时候在场是一件很重要的事。我一直按自己的方式做事，所以这对我而言不算什么具有里程碑意义的决定。但看到其引发了有关体育陪产假的讨论，还是一件很酷的事。

我的最后一季对我来说当然很重要，但这可是家庭。NBA 一季有 82 场比赛，但你女儿只出生一次。我永远不会忘记第一次见到卡维亚的情景。但亲眼目睹加布脸上的喜悦，那种幸福是世界上任何东西都无法替代的。加布和我找了代孕，所以我们知道在卡维亚刚出生的时候在她身边是非常重要的。跟她说话，跟她一起笑，亲吻她的脸颊，说我们有多爱她，我们知道这是一种必须立刻产生的联结。

你的孩子会让你更加了解自己，卡维亚给了我们家又一条生命线。你有责任守护的人会让你找到生命中更深层的目标。哦对了，有不少人好奇卡维亚翻白眼的搞怪表情，现在这已经是我们的传家之宝了，她觉得受够了的时候，一定会翻个白眼给你，没人能幸免，我、加布、扎伊尔、扎亚、达维恩——都一样。

最后一季开始的时候，我不知道结局会怎样，但我希望这会是特别的一季。我看过科比的最后一季，也感受过整个联盟（甚至整个国家）倾洒给他的爱；我还看过迈克尔在华盛顿的最后一季；J 博士最后一季的时候，有人送了他一把摇椅。人生就是这么有趣，因为我在"最后一舞"时也收到了摇椅，那是我最后一次做客犹他，多诺万·米切尔（Donovan Mitchell）送了我一把——第二天晚上我就用上了！

侧记：在职业生涯中，你能想到的每一个发型我都剪过。渐层寸头、剃光、混色染、编辫子……我就是一张行走的理发店海报。

每场比赛都很特别。在那些嘘了我十几年的地方，全场起立为我鼓掌致意。从同代球员那里听到对你的感激是一种千金难买的感受，正是他们让我每晚都全力拼搏。

赛季趋近结束，我始终没有心灰意冷，我知道自己做了正确的决定。现在我还是这么认为，这就是为什么我可以带着最大的满足感观看这些照片。

我当然很想在最后一年再赢一座总冠军，但最后那个赛季，我不希望改变其中的任何一环。什么都不必改变。

足球和橄榄球运动员交换球衣已经有一段时间了，我一直觉得这是一种表达尊重的优雅姿态。

我有一段完满的
篮球人生

我是在最后一季前的夏天想到的这个主意。科比的最后一年，他为很多人的球鞋签名。我想，我应该交换球衣。我知道这件事需要一大堆球衣才能搞定。如果你在联盟里待的时间跟我一样长，你也会交到不少朋友！

名和利当然会带来额外的特权，但尊重是无价的。你花钱买不到，也不能逼着别人。这是你靠着一路上付出的努力和对待他人的方式赢来的。我带着同代球员们的敬意离开联盟，这对我来说意义重大。

达拉斯真的很想要签下 UD。如果他离开，我绝不会生他的气，但我觉得我们谁都不想在没有对方的情况下成就任何事情。

我回想起当年那些日子，我们买了颜色相称的宾利车，身着大大的白色 6X 短袖、大大的牛仔裤和大大的金链子去夜店。我愿意为 UD 做任何事情，因为我知道他也会这样对我。他是我一辈子的兄弟。而我俩是达德郡（Dade County）的一个传奇和另一个传奇。

有些人走进了你的人生，甚至血缘都不及你们亲密。对我来说，乌多尼斯·哈斯勒姆——你最好叫他 UD——就是这样一个人。

UD 和我同时进入联盟。除了我在芝加哥的一年和克利夫兰的半个赛季，我们整个职业生涯都是队友。职业生涯的最后一场比赛，我找到了身处大空当的 UD，从而在最后一场 NBA 比赛中拿到了三双。这个世界第一次认识我也是因为我在对阵肯塔基大学时的三双。我以同样的方式来和去，这对我来说非常特别。

在夺冠的三年中，UD 对球队的意义跟其他人同样重要。他是执行者，是大场面球员，是可以让更衣室的一切都保持秩序的人。他在 2010 年差点离开了迈阿密，别的地方给他开的合同更大。令人啼笑皆非的是，那年夏天

我把德克视为死敌，即便我们打不同的位置。跟他交换球衣对我来说是一个重要时刻。自2006年总决赛以来，我们就没怎么交谈过。德克是他的每个对手制定比赛计划时最难对付的家伙之一。相信我，我有着亲身体会。我的球队必须制定针对他的比赛方案。但说实话，他是个方方面面都无解的家伙，同时他也是这项运动最伟大的国际大使之一。

德克和我会永远联系在一起。我的球队在2006年战胜了他，而他在2011年还了回来。我们在自己的最后一届全明星赛中同时登场，又在同一年退役。德克永远是那种我会高度评价的人。

2003年我被选中的那天晚上，如果你告诉我未来可能是这样，我一定会说你是在胡扯。这是到目前为止我最喜欢的球衣交换。

我愿意给所有东西签名，不管这要花上多长时间。球迷们支持了我16年，而为他们签名是我起码能做的一点小事。这些记忆将伴我一生。

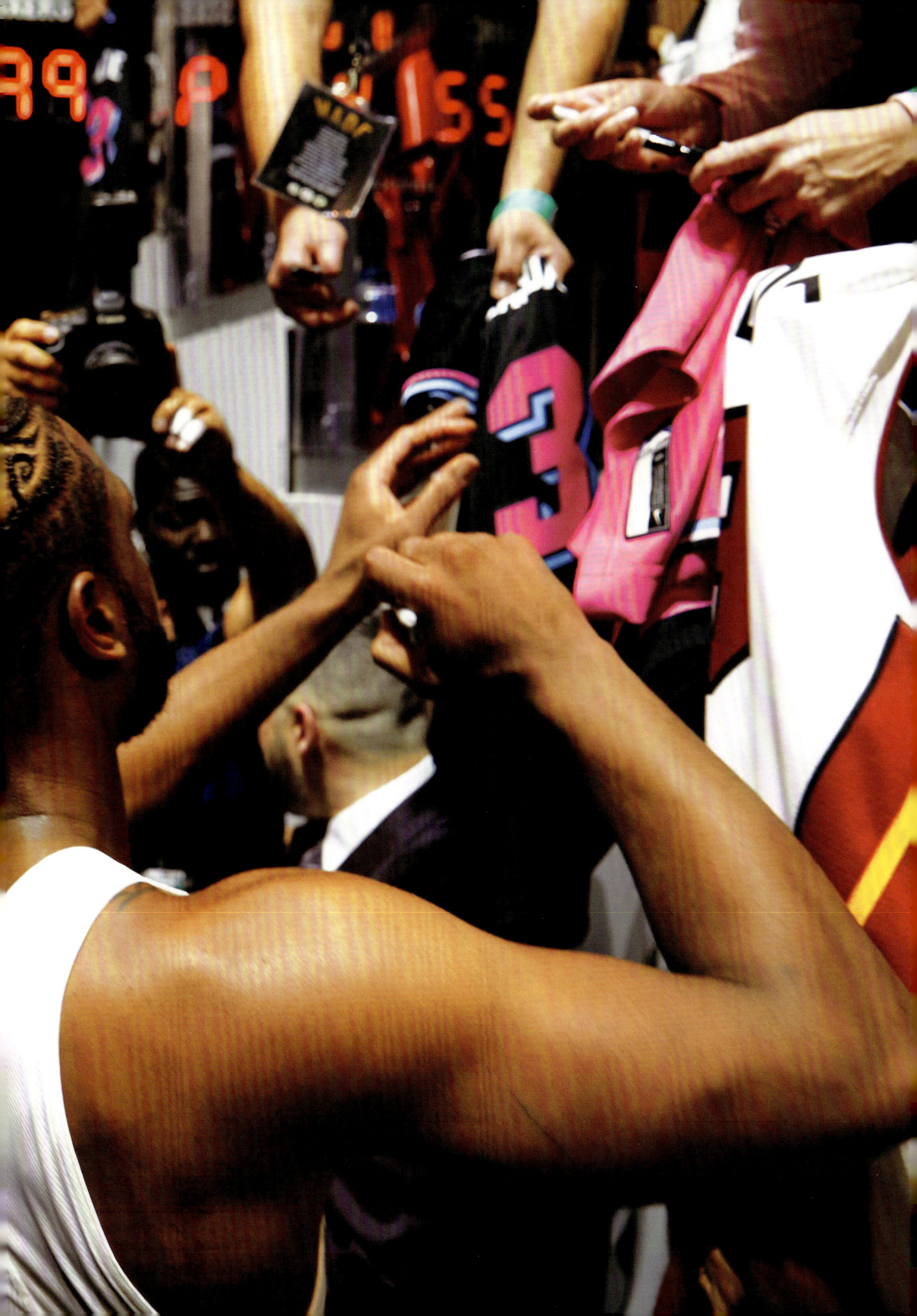

我和勒布朗在当队友时创造了历史，但我们总是能在当对手时激发对方最好的一面。我俩一共交手了 31 次，他赢了 16 场，我赢了 15 场。相信我，我们余生都会听到别人反复提起这件事。跟勒布朗的最后一次交手很特别。但这张照片主要是想展示我老婆比赛中有多投入——如果我告诉你加布是我知道的好胜心最强的人，那绝对是实话，大实话，没有一点虚的。

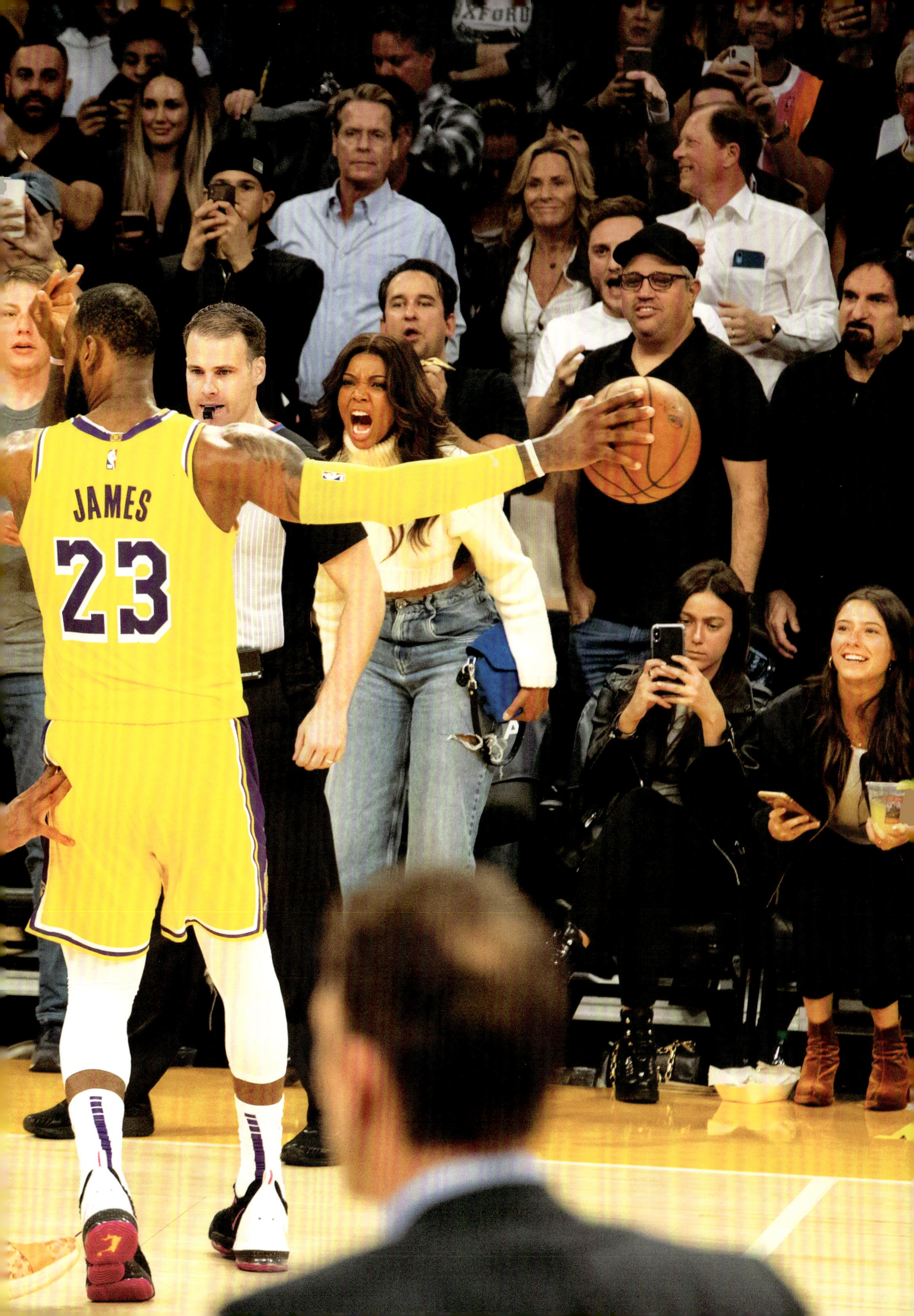
JAMES
23

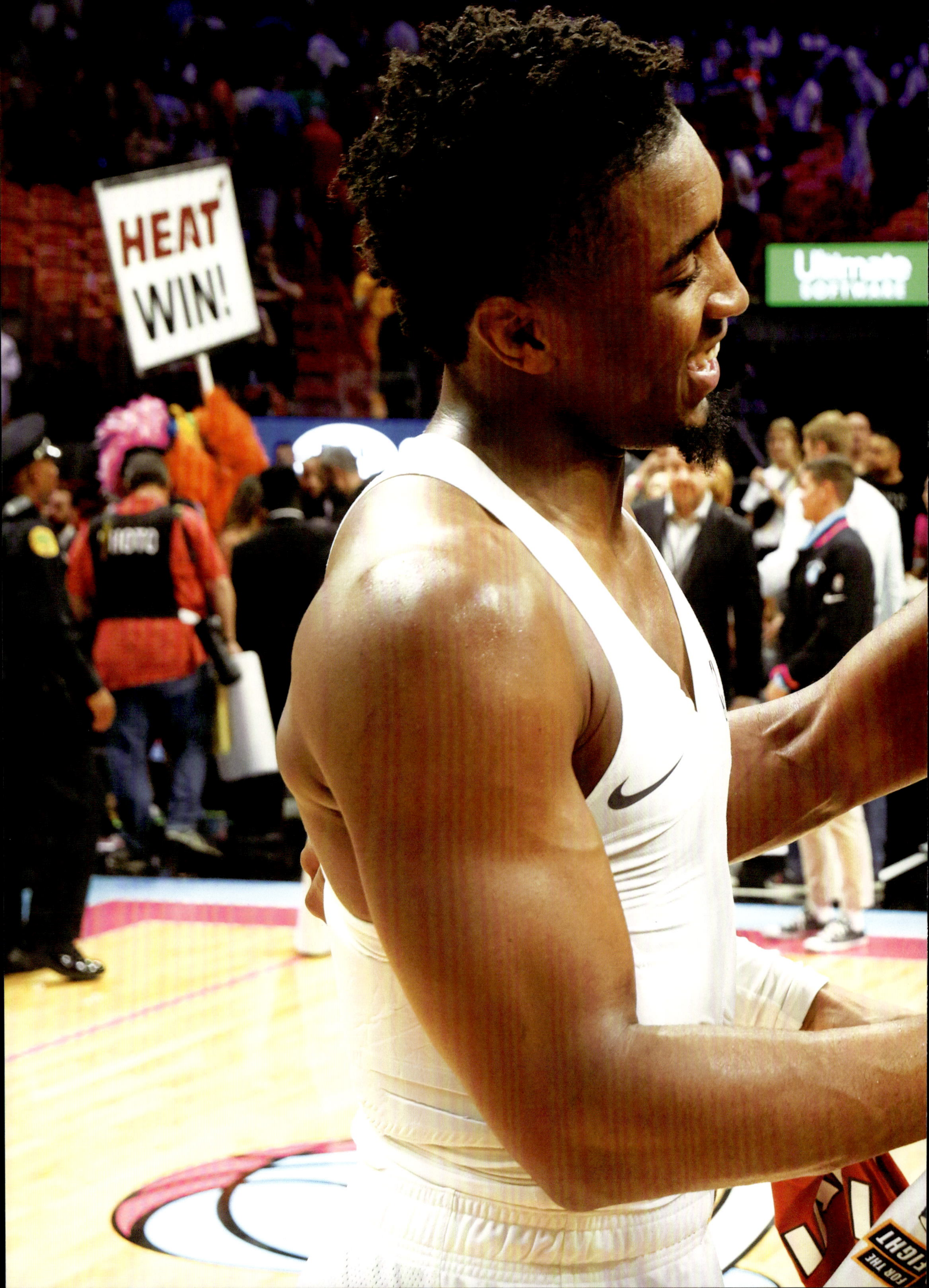
HEAT
WIN!
Ultimate
SOFTWARE

多诺万·米切尔是块海绵，他总是在问问题。我们的比赛方式很相似。这都要归功于多诺万，他会来找我，问我是如何成长为今天这样的球员的，而不是只会自己瞎琢磨。有时我们会在电话里聊上两个小时。他打电话过来，说："嘿，老兄，你是怎么在我头上做出那种动作的？"然后他就会去练习。我怎么能不尊重这样的行为呢？

我的最后一场主场比赛。但当时我们并不知道这是一个"火炬传递"的时刻。

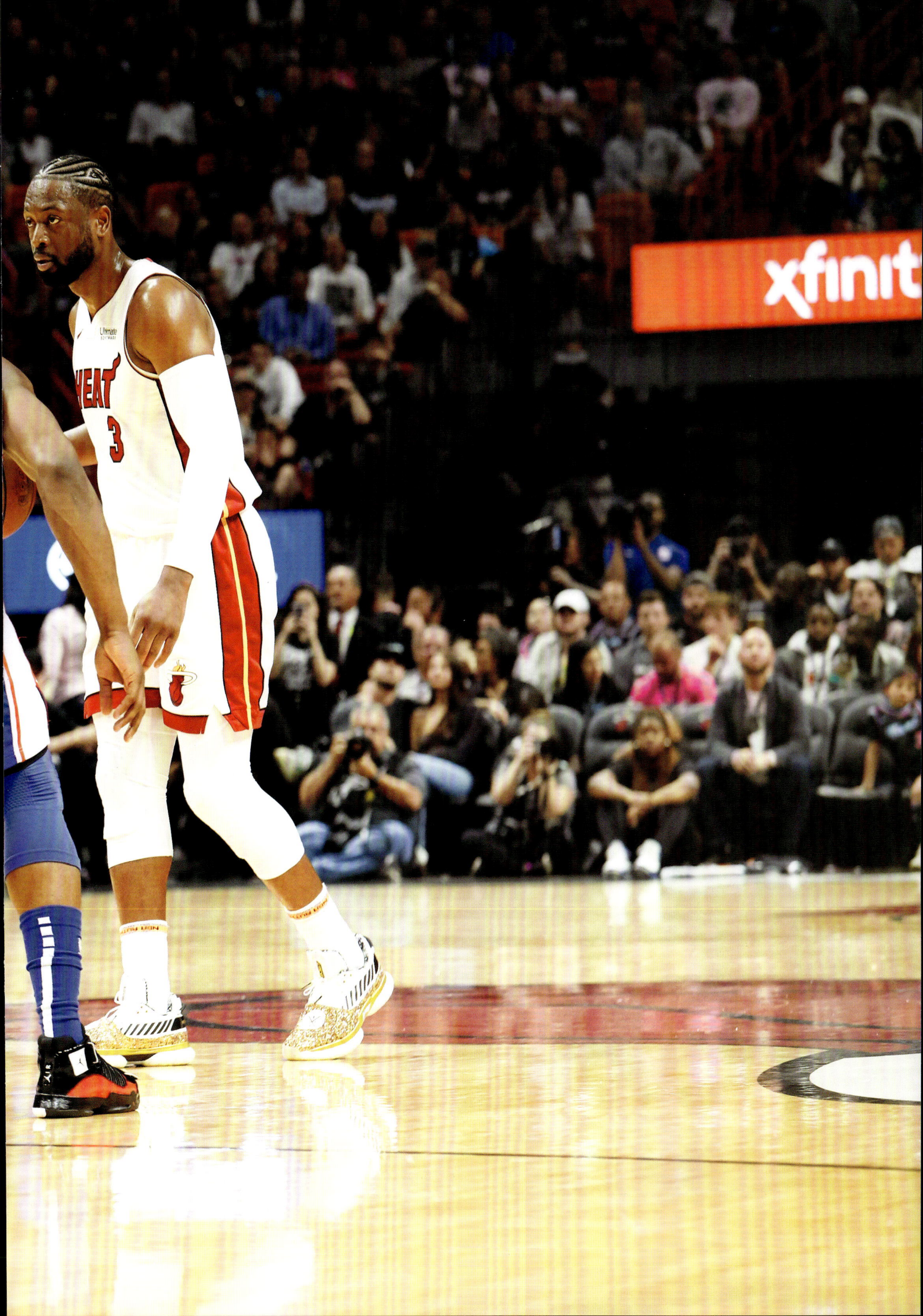
HEAT
3

2019 年 2 月，总决赛 MVP 对总决赛 MVP。为了我的好哥们儿——凯文·杜兰特（Kevin Durant）。

那天晚上，我命中了绝杀球。

我现在还在激动中。关键球投进过很多，但没有比这球更疯狂的了。

离赛季结束还有几周，我们对上了金州勇士队。每当勇士队来这里比赛，总感觉像是一场拳王争霸赛。他们是联盟霸主，让很多人心生恐惧，因为他们很容易就能摧毁你。

比赛进入第四节，所有人都知道我们有机会取胜。我也曾是卫冕冠军，我知道别的球队会怎么对付你，仿佛要把你剖腹剜心。那天晚上的我们就想这样做。

比赛尾声持球在手，对我来说这一直很自然。我知道这是个特殊的时刻。比赛还剩 10 秒，我们只落后杜兰特、库里、汤普森、格林和伊戈达拉的勇士队两分。说到伊戈达拉，他在防守我。这家伙是我对阵过的最佳防守者之一，所以他阻止了我的突破并不是什么令人震惊的事情。我把球分给迪昂·维特斯——一个从不害怕出手关键球的狠角色。只是这次勇士队包夹了他，他把球传回给我。我知道时间所剩无几，不想在哨声响起时还来不及出手，于是投了个三分球，被盖了。接下来的事情我永远想象不到，除非能问上帝本人。球鬼使神差掉回到我手里，我把它往篮筐方向一扔——唰。

有个机位拍下了我一路狂奔的场景，但我甚至都记不得自己的脚在地上。这是篮球的涅槃！那天晚上跳上记分台的感觉太好了，因为我知道自己不会再有多少机会去做这件事。现在回头看，这个球是我人生故事的写照——无路可退，孤注一掷——你要么逃跑，要么战斗。而我从不会逃避挑战。

时间流逝，但我永远不会忘记这样激动人心的时刻。这是我的球馆，但是球迷们为我打开了大门。

25 WARRIORS FLS 4 TOL 1
WARRIORS #35 Durant #11 Thompson
MIN 38 36
PTS 29 36
REB 5 2
AST 5 1
STL 0 3
BLK 2 0
Miami Orthopedics & Sports Medicine Institute
BACARDI
Ultimate

每个伟大球员都喜欢在麦迪逊广场花园比赛。那幢球馆里有过那么多的历史。穆罕默德·阿里（Muhammad Ali）和乔·弗雷泽（Joe Frazier）的第一场拳赛；伯纳德·金（Bernard King）、威利斯·里德（Willis Reed）、克莱德·弗雷泽（Clyde Frazier）、帕特里克·尤因（Patrick Ewing）都是在这里收获的荣誉。科比在这儿砍下了62分；1995年乔丹刚复出不久，就给了这座城市一个55分；杰夫·范甘迪（Jeff Van Gundy）抱住阿朗佐·莫宁大腿的地方就在我身边不远！这是2019年3月30日，我在花园的最后一场比赛。这儿给我留下了无数回忆，现在我还在回味。年轻的时候，人们会安慰你说"下一次"，但走到最后，"下一次"总会变成"最后一次"。

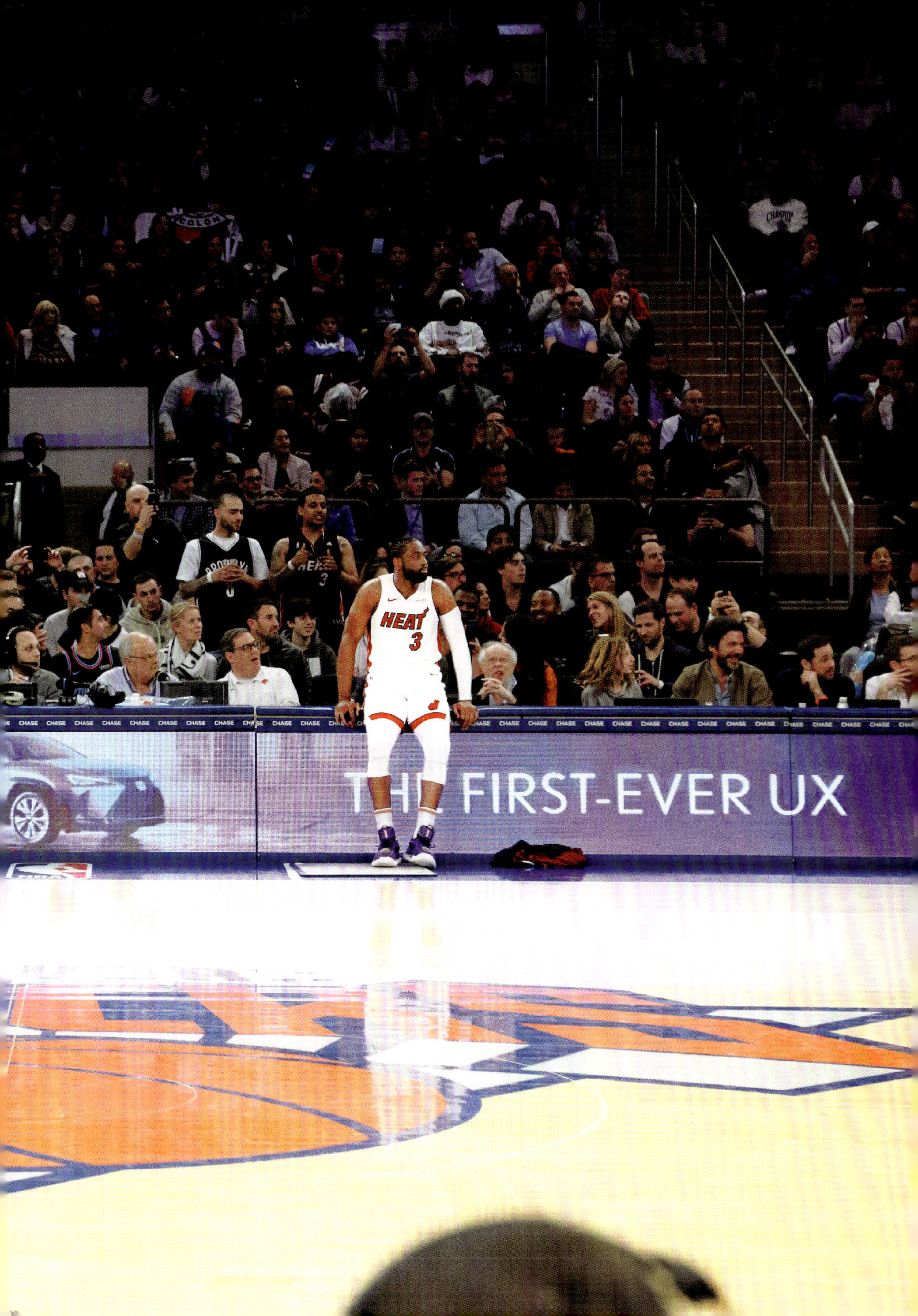
HEAT
3
THE FIRST-EVER UX

在女性运动午宴上，我有幸与体育界最伟大的总裁亚当·肖华一起参与政治活动。

刚进 NBA 的时候，你不会考虑退役的事情。那是属于老头子们的标签！快进到在联盟效力的最后一个赛季，即使到了这时候，我也不确定"最后一舞"会如何展开。

结果是一场盛会！全明星周末，很多成就我如今模样的人都来给我打气：我的父母，好兄弟卡梅罗和克里斯·波什，选中我的那个人——帕特·莱利，芝加哥传奇伊塞亚·托马斯，"魔术师"约翰逊。告诉你，我非常感激这一切的发生。得知自己获得他人的感念所产生的愉悦感，是一种很自然的人类情绪。没有什么比一颗属于你的好莱坞星星更能印证外界对你的认同了（那天晚上我确实获得了一颗）。我会永远记住那一刻。

没有查尔斯·巴克利和克里斯·塔克，我在台上不可能笑个不停。

我可以自信地说，我是 NBA 有史以来最伟大的卡拉 OK 歌手。图中的我正在唱贝尔·比夫·德沃（Bel Biv DeVoe）的《毒药》。

我在录音棚里录制《季票持有人》里属于我的个人部分。

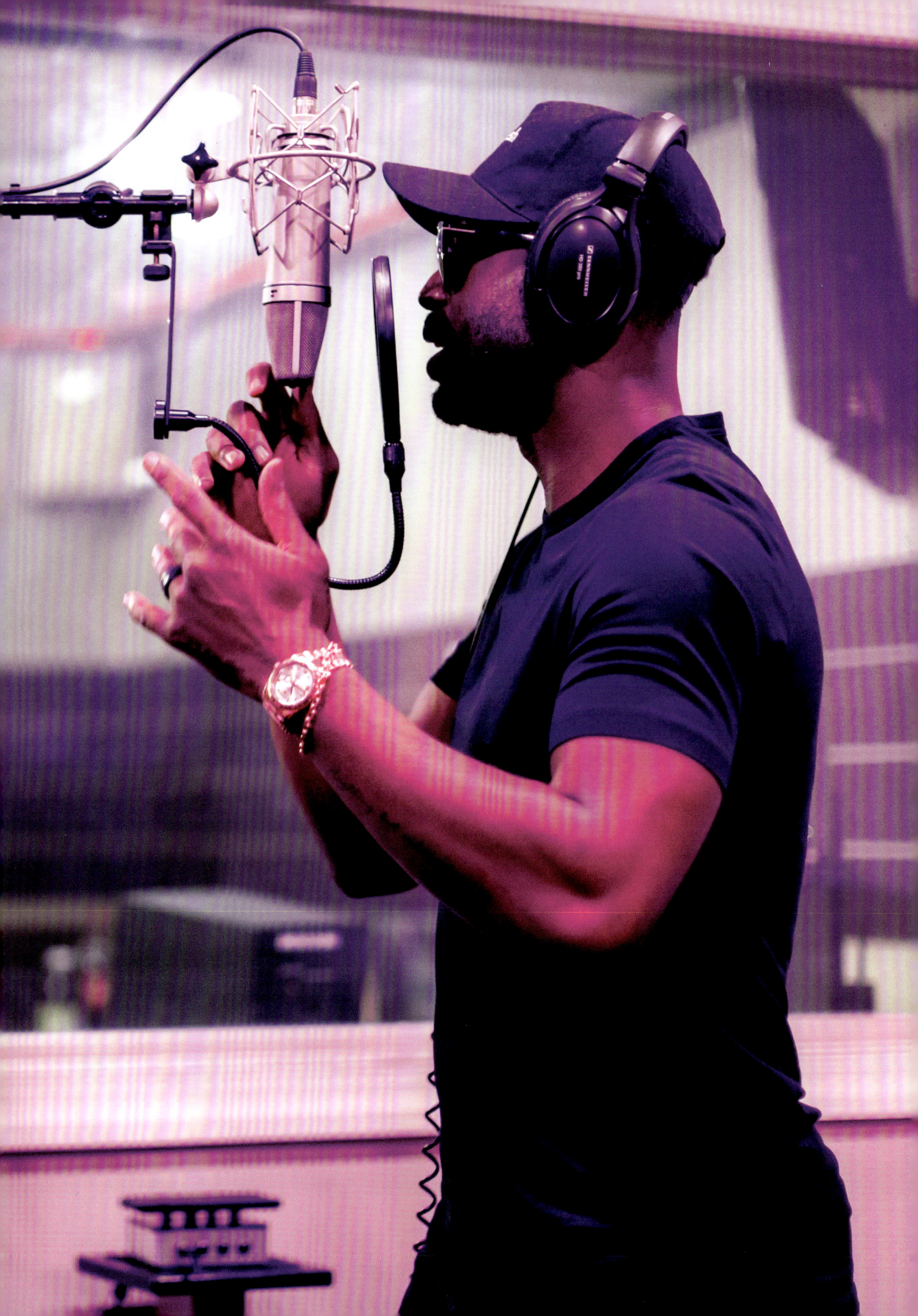

你知道凯文·加内特是我成长过程中最喜欢的球员之一吗？这张照片是和他在我家一起讨论我的"最后一舞"赛季与生涯，这真是太酷了。

三个来自美国中西部的傻蛋,正用我们自己的方式行事。

篮球，就跟人生一样，总是会把你带回起点。这是2019年马奎特大学的德维恩·韦德日。我现在还能听到2003年我们动身去参加NCAA锦标赛时人群的尖叫声。如今，同一批人回来给我这样的送别，我知道自己做的决定是正确的。

马奎特是我生命故事的重要组成部分。我永远爱芝加哥，因为我出身于此，那是我的故乡。但体验真爱和成长的地方同样也能被称作家乡。我在305城得到的爱是无与伦比的。直到今天，听到"韦德郡"这个说法还是让我激动不已。这甚至在2010年夏天某一周里成了法定的正式名称。当年的7月1号到7号，达德郡的正式名称改为"韦德郡"。迈阿密想尽办法要我跟热火续约。这不是一般的奏效，因为不仅我回到了球队——勒布朗和波什也来了。任务顺利完成。

我最自豪的是，我们让这座城市永远地成为了一座篮球城。人们像谈论唐·舒拉（Don Shula）执教的海豚队或吉米·约翰逊（Jimmy Johnson）率领的飓风队一样谈论我们。因此，只要篮球还在弹跳，迈阿密就会永远、永远拥有我的心和灵魂。

你要知道，围绕退役办一场狂欢的想法让我兴奋不已。我还记得自己决定离开马奎特、进入联盟时的情形。而现在，我真的要从NBA退役了。人生实在太快了，你唯一能希望的是，当旅程到终点时，你始终是在以自己引以为傲的方式在生活。

扎伊尔在我们于温伍德（Wynwood）的服装店扣篮，庆祝PKWY开业。

我的兄弟吉米·巴特勒在为我祝福和祈祷，还带来了我这辈子见过的最大的酒瓶。

这张照片背后的故事是这样的：这个团队都在迈阿密，如果你足够了解我，就知道我一定会送团队一份礼物——我得让他们知道我的感激之情。最后我送了他们一堆劳力士。人们看到我，会以为我是唯一的领袖。我确实要做很多重要决定，但上天知道，没有这个团队，我不会走到今天的位置，所以我无论如何也该向他们表示敬意。在说了这些话之后，我们谁都没有理由再迟到了！

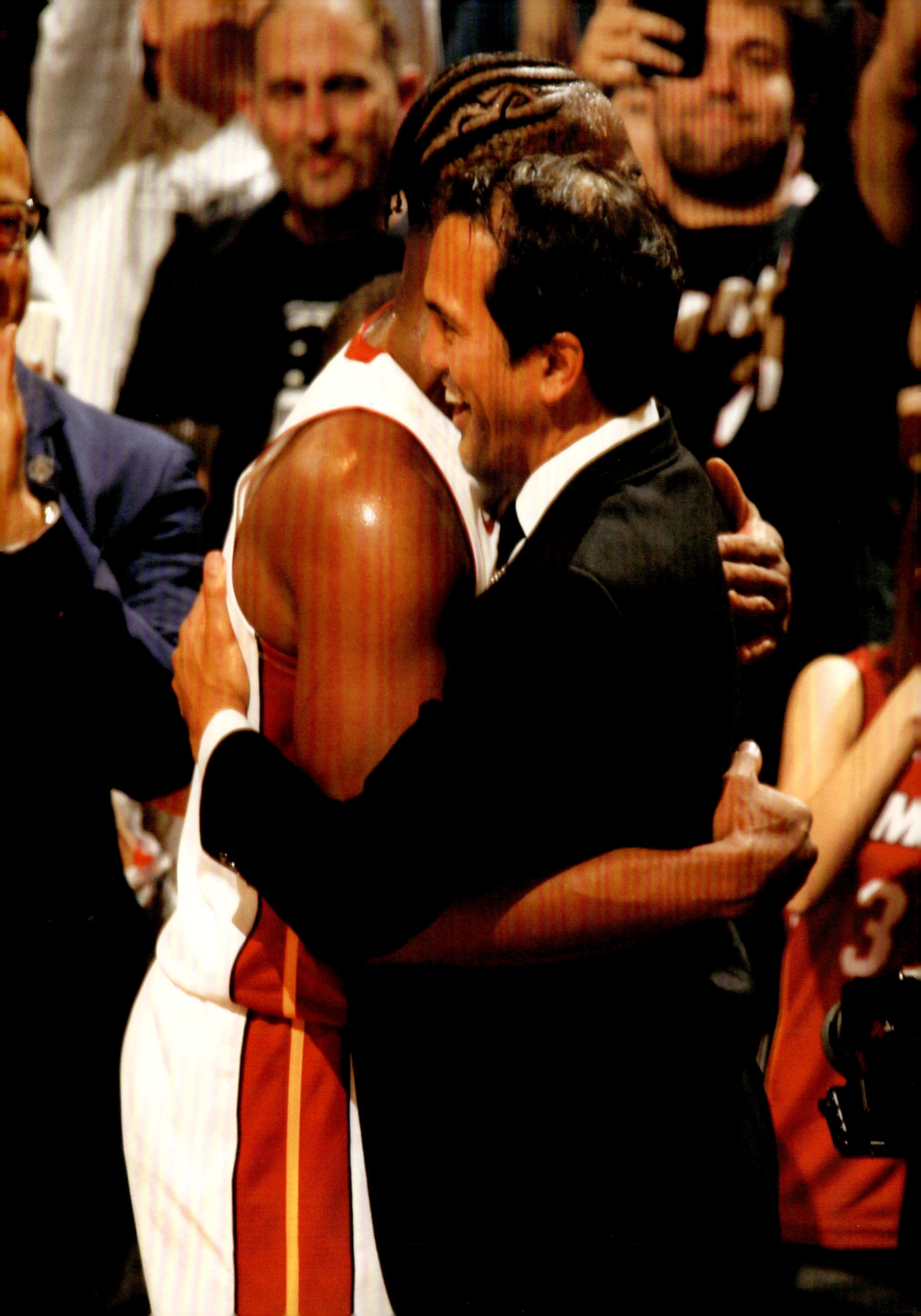

这张照片是我的最后一场比赛，在布鲁克林，我最后一次退场。我非常尊敬斯波，尊敬他的为人——在很多跟篮球无关的方面，他都是杰出的榜样。不要误解，他的本职工作也做得非常好。我职业生涯的大部分时间都跟斯波共事，他也一样。

最后一次主场比赛结束后，我试着跳到桌子上说"这是我的球馆"时伤到了膝盖。我不后悔，因为我不可能不跟我的球迷们做最后的道别就离开球馆。这段旅程有高潮，也有低谷，很多次我都深感前路茫茫。但只有球迷们这一件事是最重要的。这就是为什么我对自己给篮球运动留下的遗产感到平静和愉悦。从在费城对阵艾弗森的第一场比赛，到布鲁克林的最后一次运球，我始终按自己的方式行事。

不过，严肃地说，我真的把自己弄伤了。我以为可以睡一觉，或者吃点止痛片就好了，但没有。我很少抱怨伤痛，因为职业生涯中我经常要应对伤病问题，可这次真的很疼。我想也跟心理有关，因为这将是我的告别战。我以为要执行 B 计划了，甚至打电话告诉球队说我不会打与布鲁克林的比赛。现场准备了话筒，因为我可能得在赛前跟大家告别。对我来说，这是一种常态——我总是有阻碍要克服，而在那一刻我必须克服许多阻碍，因为大多数人不知道我伤得有多重。

#L3GACY

#L3GACY

这是给我带来快乐的地方,也是给我安全感的地方——最后一次在这里"表演"了。

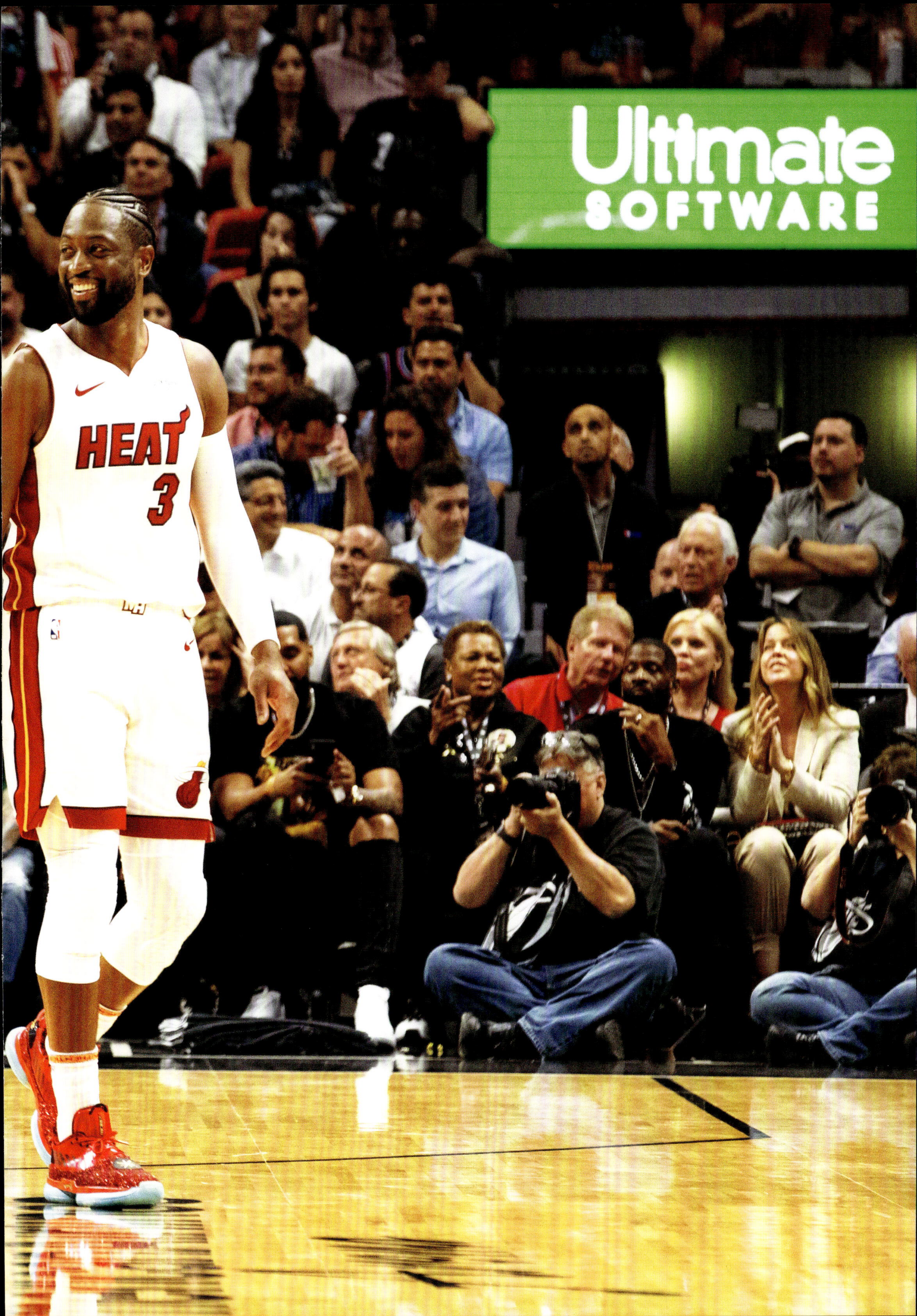
Ultimate
SOFTWARE
HEAT
3

如果事情顺利，克里斯本应该在我最后一场主场比赛时跟我一同登场。我们无法质问某些事情为什么、怎么会发生，但我很高兴克里斯把健康置于比赛之上，因为血栓被迫远离篮球。克里斯已经是未来的名人堂成员了，但他是我认识的好胜心最强烈的球员之一，所以对他来说，离开真的很难，尤其是这并非出于他的意愿。克里斯的遭遇让我更加感激自己的结局，因为我知道这是上天的赐予。

克里斯可能是我认识的最真诚的人。没错，他是我最喜欢的队友之一，但更重要的是，他的为人我同样很喜欢。而在球场上，三巨头的两座总冠军，哪一座缺了他都不可能赢下来。2012年季后赛，他在对阵印第安纳的系列赛中受伤，几乎所有人都认为他已经赛季报销，结果他在东部决赛对阵波士顿时神奇复出了，这就是他的内心写照。然后，第二年总决赛对阵马刺的第六场比赛——如果没有克里斯的篮板和助攻，就不会有雷·阿伦的那记三分。随后他封盖丹尼·格林，帮我们赢下了比赛。

这还只是球场上的事，更不要说克里斯作为父亲、丈夫，以及一个精神领袖的那些面了。他可以用一次对话完全改变你对人生的看法。

克里斯对我意味着太多太多，我怎么感激也不够。在迈阿密的最后一个主场比赛后能有机会与他拥抱，这对我来说意义非凡。

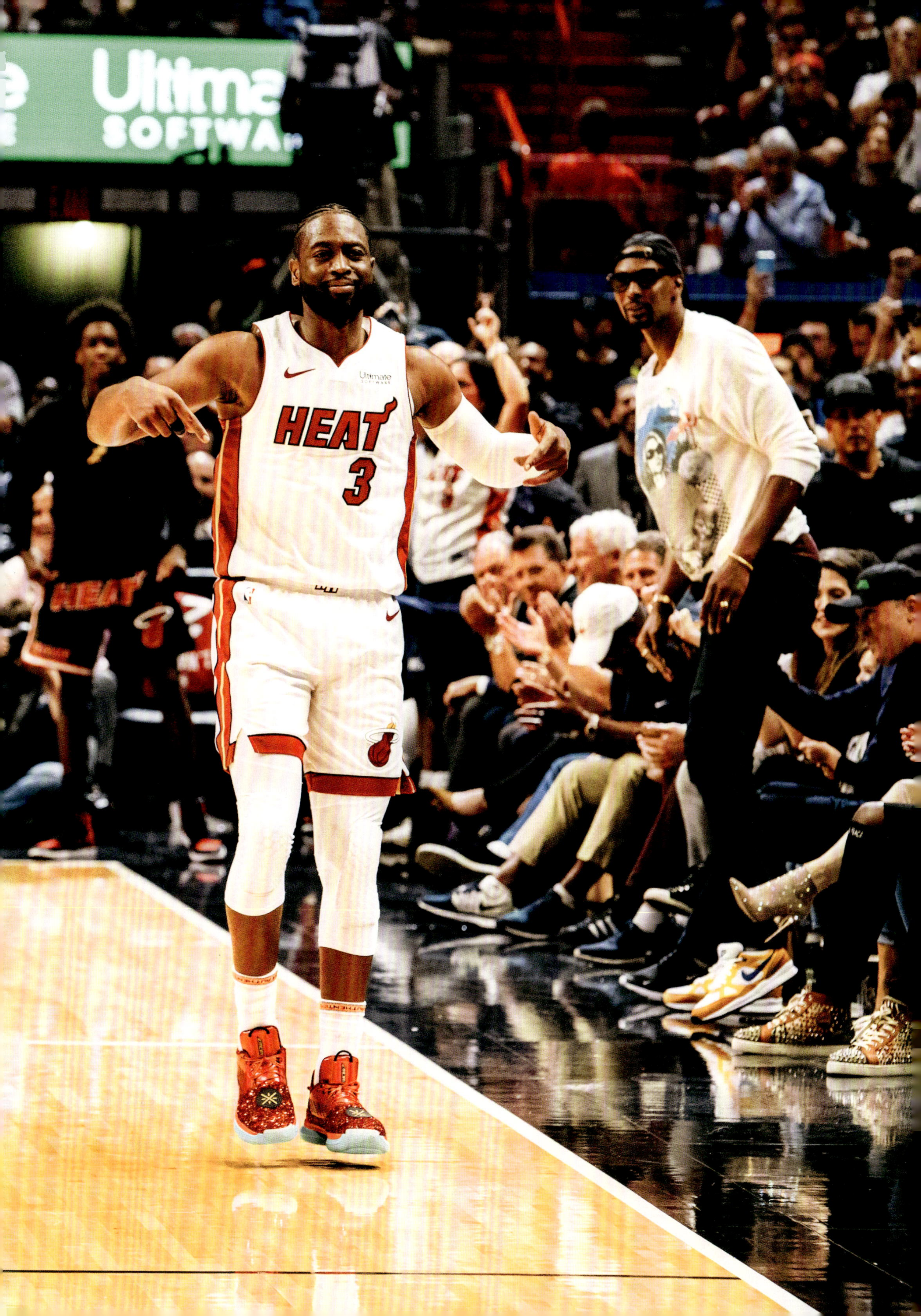
HEAT
3

有时候你需要的只是一个机会

我知道自己必须对得起别人对我的信任。迈阿密热火队的老板米奇·阿里森（Micky Arison）就是其中之一。我没预料到能在第5位被选中，这可没有骗你。而当我被选中的时候，我知道自己不能逃避责任，因为我所得到的一切都不允许我辜负这支球队。我不确定米奇是怎么想的，但我认为他对结果很满意。

我打篮球就是为了让你们记住我的名字。现在我知道你们永远不会忘记了。

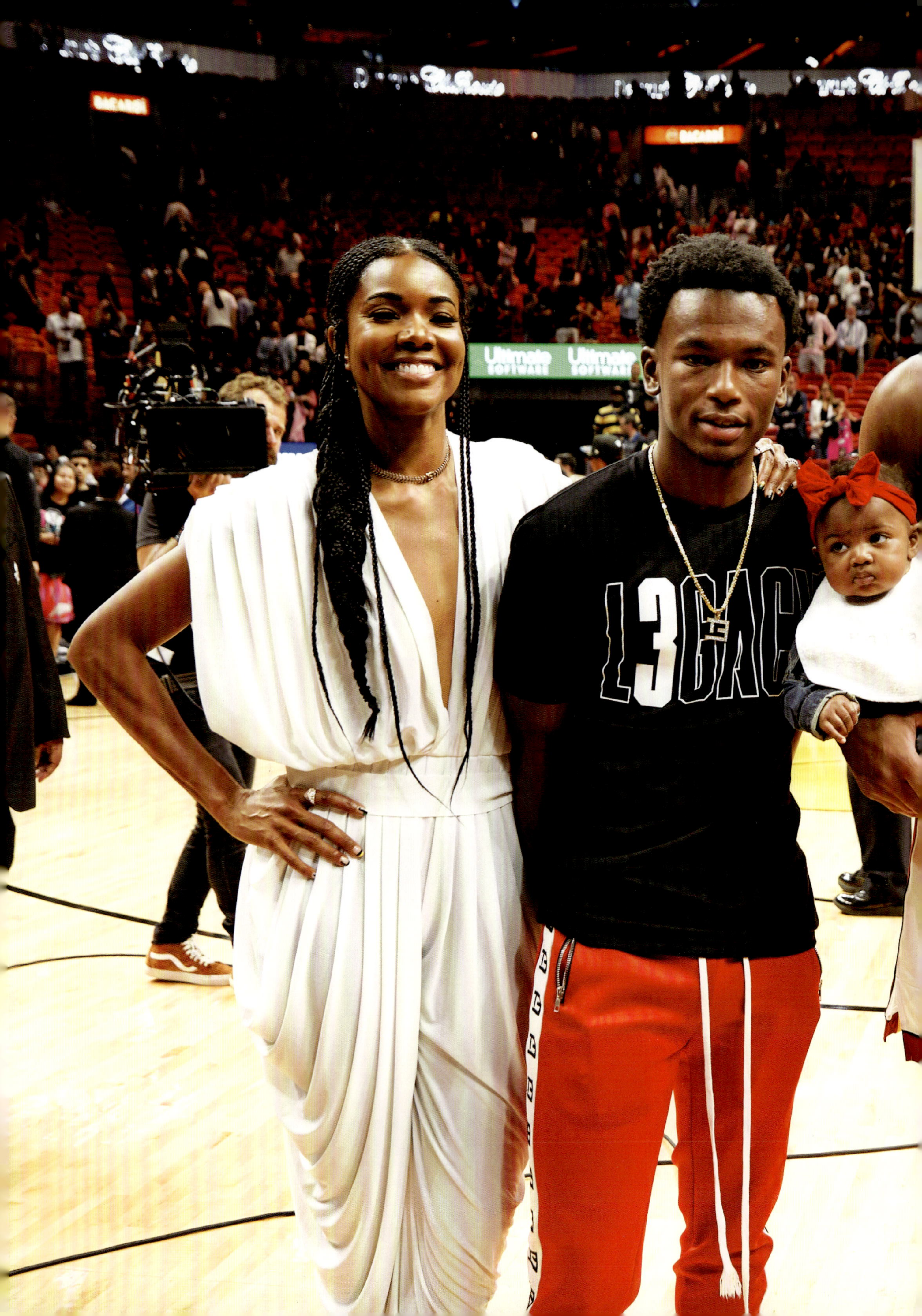
BACARDI
Ultimate SOFTWARE
Ultimate SOFTWARE

若没有家人在场陪伴，
我的最后一场主场比赛
不可能如此特别。

带着孩子去上班——带刚出生不久的女儿去我的最后一场主场比赛。

最后一场比赛让汤姆·克林在我身边是对的。

就这样，结束了。谢谢你，
布鲁克林！谢谢你，篮球！

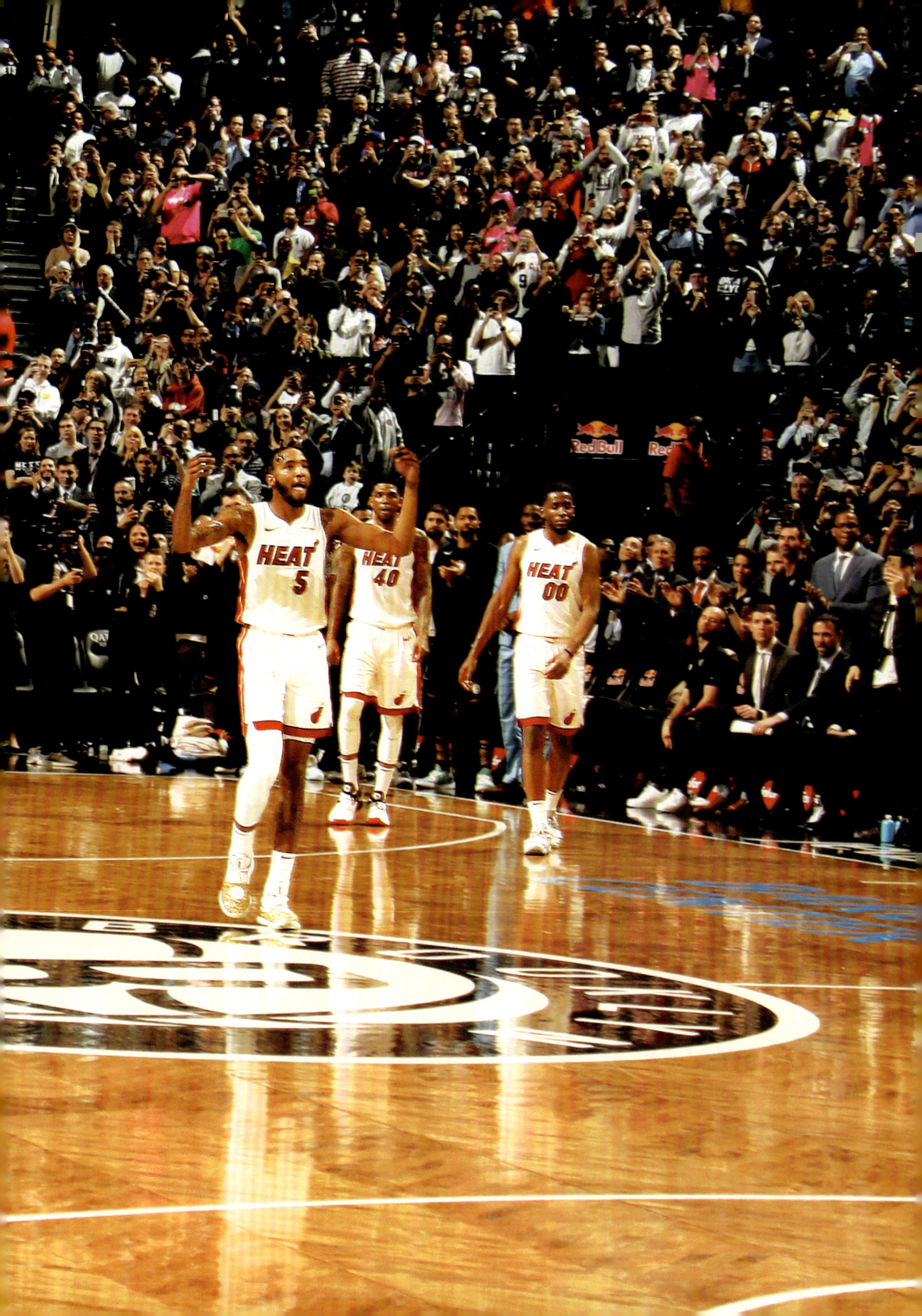

HEAT
5
HEAT
40
HEAT
00
RedBull

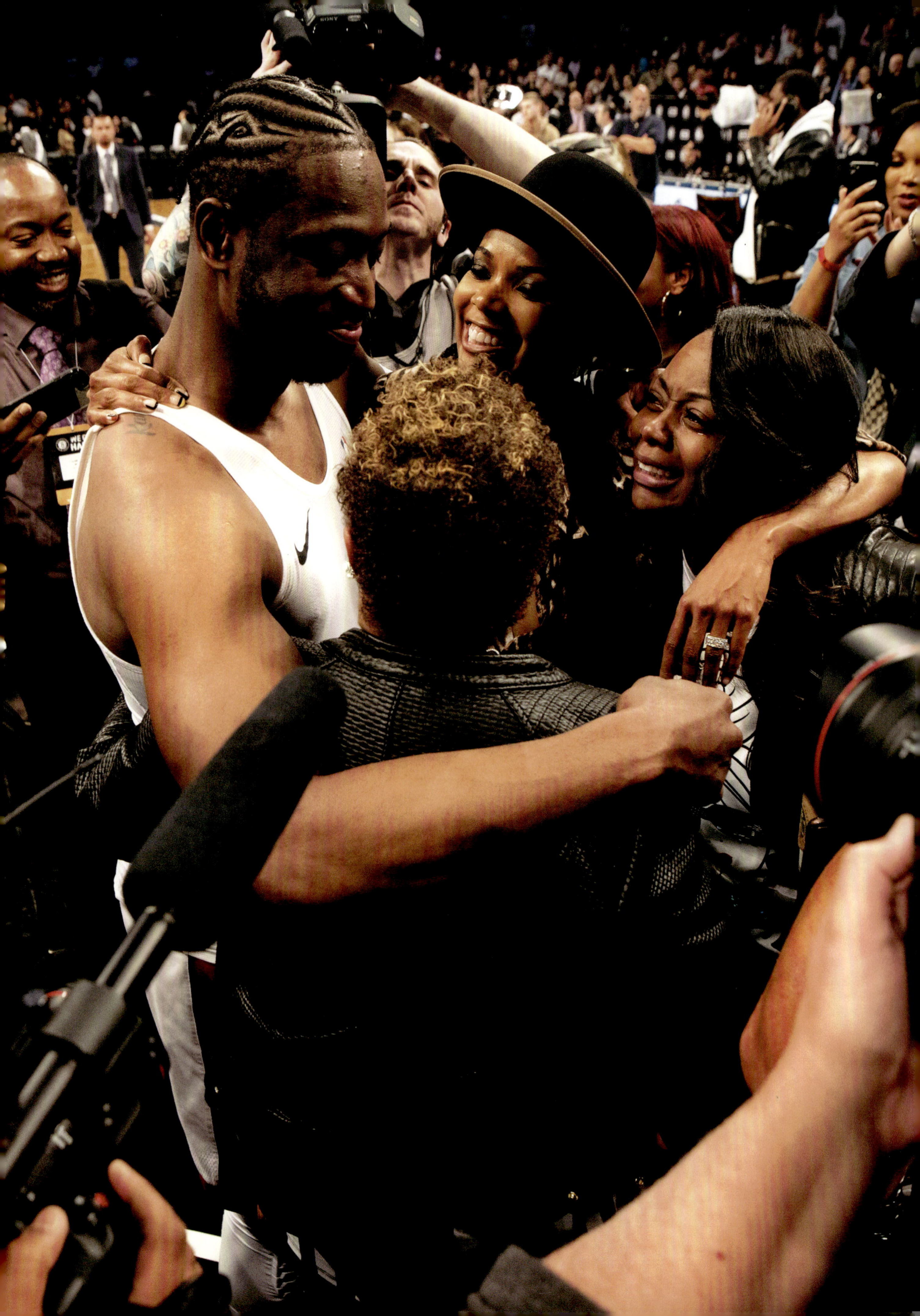

现在回想起来，如果我没有坚持出战在布鲁克林的最后一战，我都不知道自己现在还有没有脸照镜子。

尤其是，我的兄弟们都坐在场边。看到这张照片，我心里充满了对勒布朗、克里斯和卡梅罗的爱。我们多年来一直在讨论改变篮球的话题，无论是在场上还是场下。照我说，任务完成了不少，但还远远没有结束。

但这张照片能脱颖而出，都是因为卡梅罗。那时候，他正在经历他的挣扎。他无球可打，很多报道言过其实。那段时光对他来说很艰难——对我们大家来说也是，因为我们都爱卡梅罗。他是我所认识的最无私的人之一。他能来纽约见证我的最后一场比赛，又是一个证明他真性情的例子。这对我而言意义重大。

ONE LAST DANCE

DWYANE WADE

太棒了,各位。我爱这段旅程的每一秒。但是,如果你不介意的话,我还要去参加退役派对。

为什么卡梅罗要在我的派对上给我一发裸绞?谢谢好哥们儿卡梅罗、D-Lo、德文·布克、贾斯汀·丁珀莱克(Justin Timberlake)和杰西卡·比尔(Jessica Biel)在我的告别战后来参加派对。我第二天早上还很感激。

我知道人们常把派对比喻成"一部电影",用在这一场上一点都不夸张。这是我人生中最有趣、最疯狂的夜晚之一。

通道走廊的墙壁上,
挂满了我很多的回忆。

帕特·莱利说，看到我在 2003 年 NCAA 锦标赛中对阵他的母校肯塔基大学时砍下三双的那一刻，他就知道要选我。换句话说，这是他经历过的最开心的一次输球。很高兴这次选择让我们俩都获得了成功。

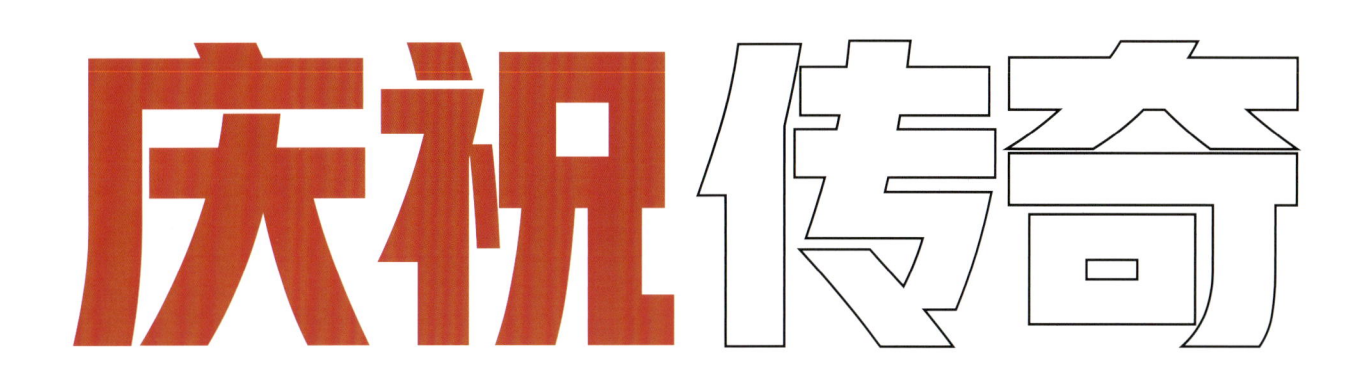

庆祝传奇

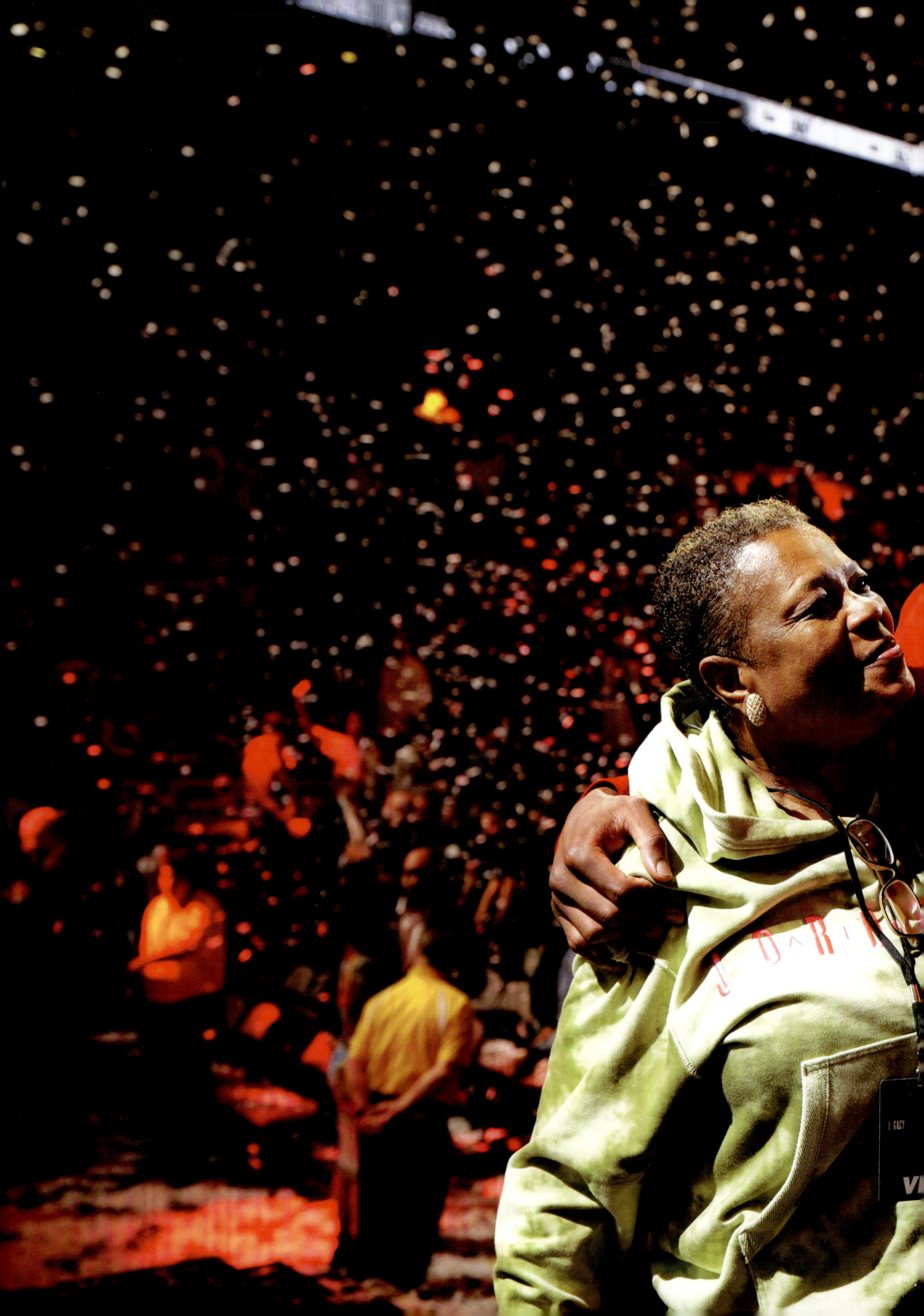

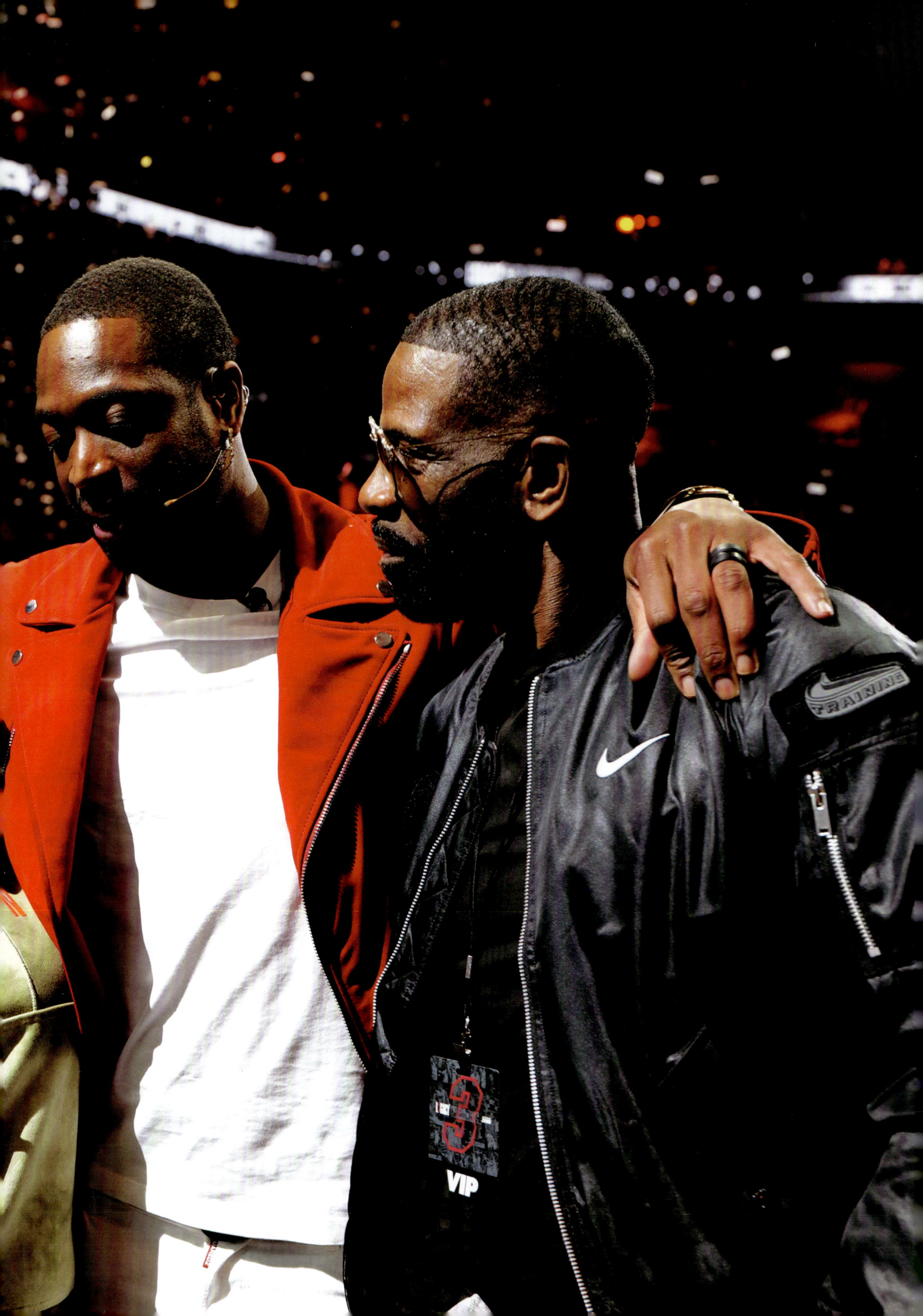
TRAINING
VIP

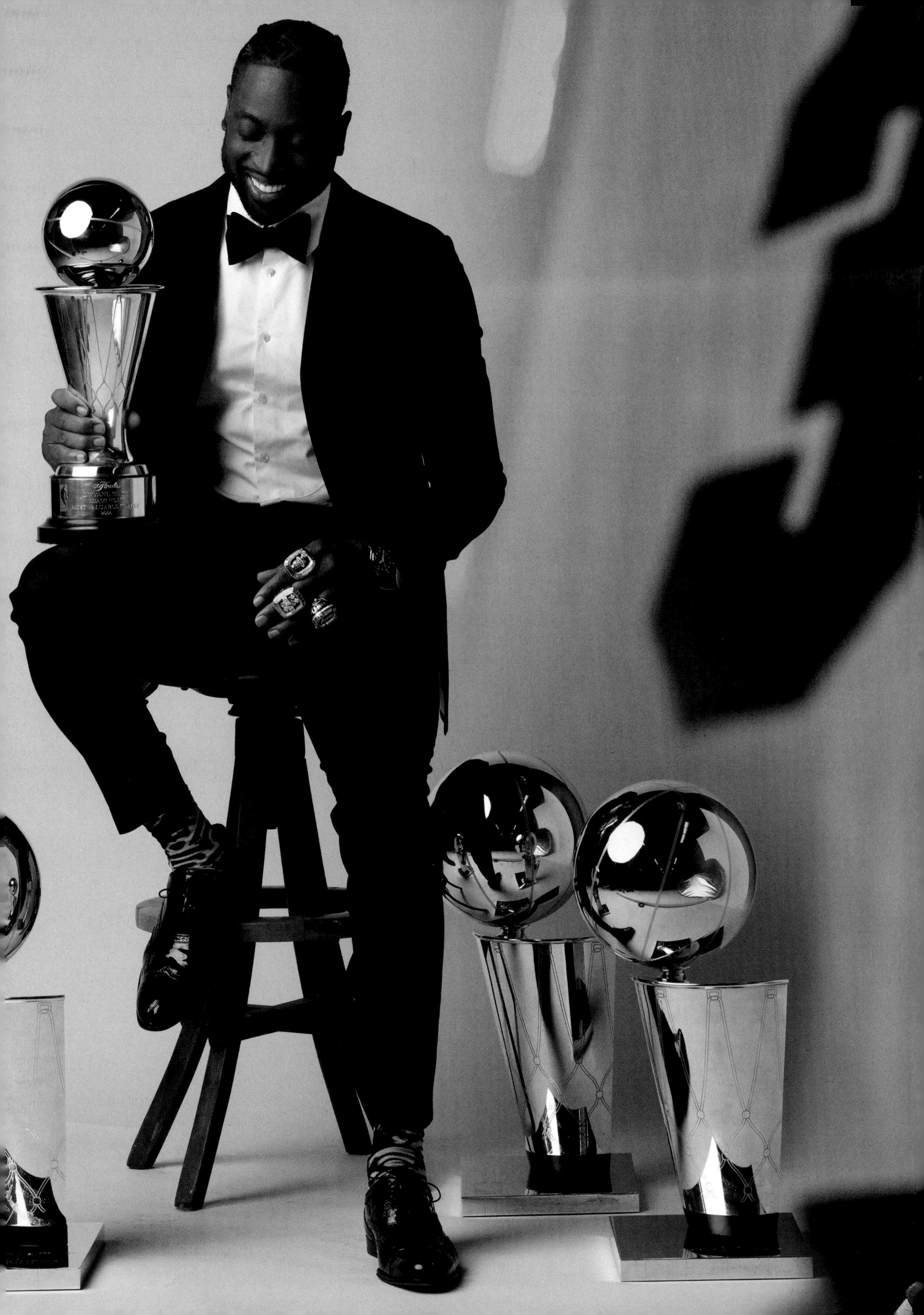

看到自己的名字出现在天花板上，让我知道自己做到了这座城市永远不会忘记的事情！

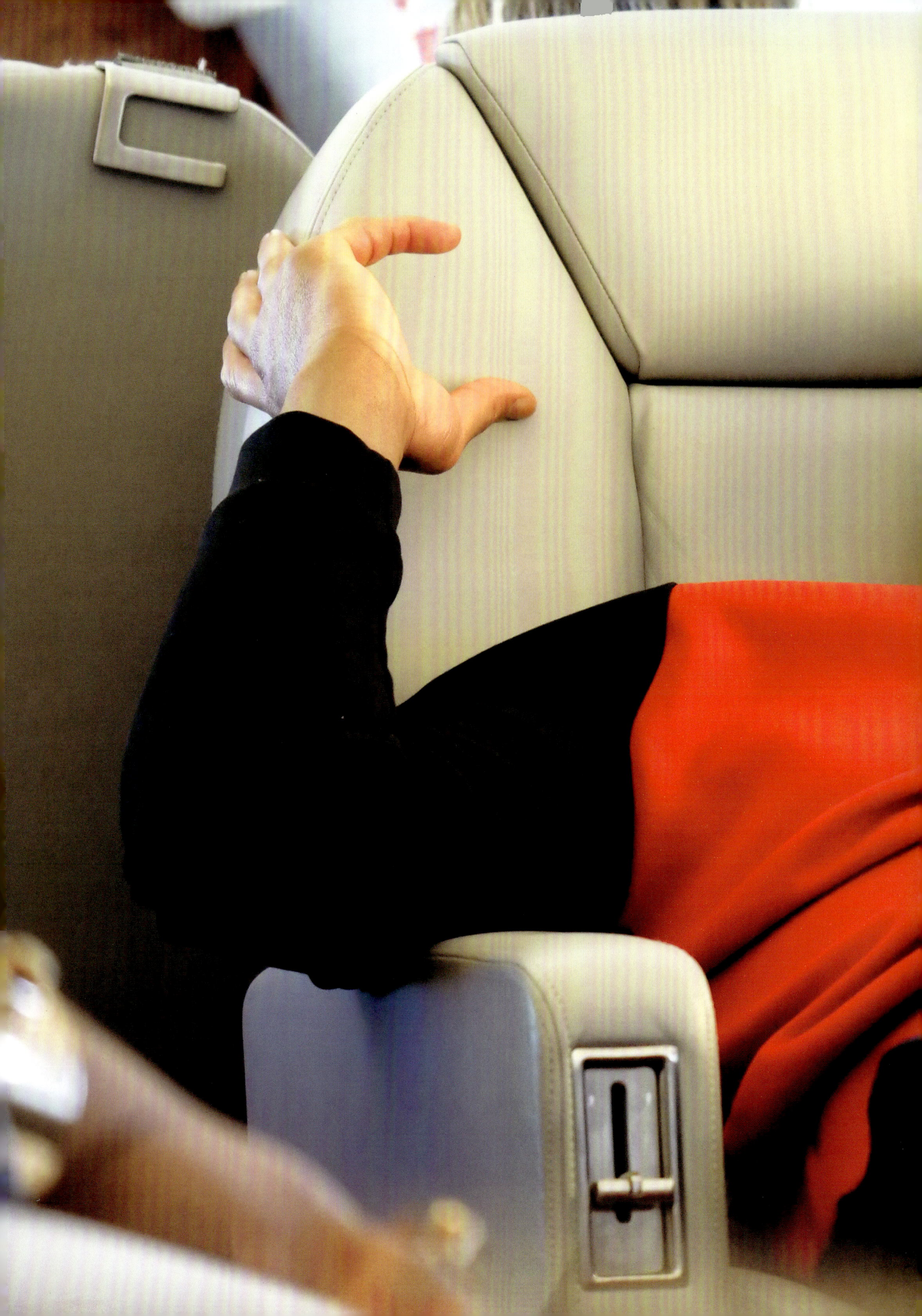

当你退役还没到 24 小时，丽莎就通知你所有待办工作时的表情。

我离开了篮球，无怨无悔！

我把一切都献给了篮球，篮球也给了我一切，甚至更多。

初入联盟的时候，我只有一个目标——赢得尊重！

清晨！

深夜！

我就是这样赢来了尊重。

比赛前的训练……比赛后的训练！

我离开了篮球，无怨无悔！

我在九岁的时候爱上了篮球这项运动，

它让我微笑，

它让我发声，

它让我的信心闪闪发光；

它是我的盔甲，

它是我的动力。

我离开了篮球，无怨无悔！

我希望你知道，永远不会有另一个你，

我希望你知道，是你向我证明，只要足够努力，就可以让梦想成真，

我希望你知道，是你让我相信存在一个更好的世界，

我希望你知道，是你一手改变了我的人生轨迹。

谢谢你，在我最需要的时候成了我最好的朋友，

谢谢你，成为我生命中的恒常，

谢谢你，让我知道恐惧是不可接受的，

谢谢你，为那些打铁、失利和伤痛！

我们一同创造了令人难以置信的疯狂成就！

谢谢你，篮球，让我的姓氏被永远铭记！

终场哨响

除下述图片之外，本书其余图片由鲍勃·马泰勒斯提供。

p. 26: Courtesy of Marquette University
p. 27: John Biever/Sports Illustrated/Getty Images
p. 28: John Biever/Sports Illustrated/Getty Images
p. 29: Courtesy of Marquette University
pp. 30–31: Al Tielemans/Sports Illustrated/Getty Images
p. 32: Jennifer Pottheiser/NBAE/Getty Images
p. 33: Jennifer Pottheiser/NBAE/Getty Images
p. 34: Victor Baldizon/NBAE/Getty Images
pp. 36–37: Doug Benc/Getty Images
pp. 38–39: Victor Baldizon/NBAE/Getty Images
p. 39, bottom right: Scott Cunningham/NBAE/Getty Images
p. 40, top. left: Victor Baldizon/NBAE/Getty Images
p. 40, bottom right: D. Lippitt/Einstein/NBAE/Getty Images
p. 41: Jay Drowns/Sporting News/Getty Images
p. 42: Issac Baldizon/NBAE/Getty Images
p. 43: Andrew D. Bernstein/NBAE/Getty Images
p. 44: Chris Hampson/NBAE/Getty Images
p. 45: Victor Baldizon/NBAE/Getty Images
p. 46–47: Nathaniel S. Butler/NBAE/Getty Images
p. 48–49: Andrew D. Bernstein/NBAE/Getty Images
p. 50: Joe Murphy/NBAE/Getty Images
p. 51: Issac Baldizon/NBAE/Getty Images
p. 52: Garrett Ellwood/NBAE/Getty Images
p. 53, top. right: Jeff Gross/Getty Images
p. 53, bottom left: Garrett Ellwood/NBAE/Getty Images
p. 54, left: Issac Baldizon/NBAE/Getty Images
p. 54, right: Noah Graham/NBAE/Getty Images
p. 55: Ronald Martinez/Getty Images
pp. 68–69: Mike Ehrman/Getty Images
p. 71, right: Issac Baldizon/NBAE/Getty Images
pp. 105, 106 (basketball icon): @Valenty/stock.adobe.com
pp. 25, 33, 45, 67, 92, 145, 148, 168, 190, 192, 193, 199, 216, 248, 257, background texture: ©Feel This/via Creative Market
pp. 25, 33, 67, 168, 193, 199: Photo Frames/©Feel This/via Creative Market
pp. ii, iii, viii, 32, 53, 112, 113, 114, 115, 117, 156, 287, 290, 291 gold abstract: malija/istock via Getty Images
p. 179 (wine stain): voinSveta/istock via Getty Images